KB124847

『리더스 보이스』를 위한 찬사

나는 지난 20년 간 리더십에 관한 많은 책들을 접하며 읽어왔다. 내가 읽은 책 중에서 이 『리더스 보이스』야말로 최고라고 생각한다. 오늘날 큰 노력을 요구하는 일터에서, 그리고 쉽게 성취할 수 없거나 상상조차 할 수 없는 수준에서 다른 사람들에게 동기를 부여하고 고무시켜 성취를 이룩하도록 해야 하는 사람은 누구나 이 책을 일독하도록 권하고 싶다.

해리 로즈(Harry Rhoads), '워싱턴 스피커스 뷰로(Washington Speaker's Bureau)'의 CEO

클라크와 크로스랜드는 아주 특별한 책을 썼다. 그들은 분명한 언어와 생생한 사례를 사용하여 명쾌함, 열정, 그리고 진실성을 가지고 커뮤니케이션하는 리더들이 조직의 업무 성과 수준을 의미 있게 향상시킬 수 있음을 잘 보여주고 있다. 렌즈크레프터즈와 TNT의 모습을 바꾼 리더들에 대한 이야기는 특별히 어떻게 대화를 이끌어가야 하는지를 배우고 싶어하는 사람들에게 커다란 가치가 있다.

오런 해러리(Oren Harari), 『콜린 파월 리더십의 비밀(The Leadership Secrets of Colin Powell)』
(한국어판, 『콜린 파월 리더십』, 2002), 샌프란시스코 대학 경영대학원 경영학 교수

커뮤니케이션은 감정을 전달하는 이외에는 아무 것도 아니다. 보이드와 론은 이것을 뼛속 깊이 이해하고 있다. 여러분은 어떤가?

세스 고딘(Seth Godin), 『생존은 충분하지 않다(Survival Is Not Enough)』의 저자

어느 조직에서든 리더십의 역할은 동업자들이 왜 그 비전에 따르고 참여해야 하는지를 주의 깊게 명확히 표현하는 것을 포함한다. 이 책은 유행에 따른 메시지를 만들게 하는 것이 아니라 메시지를 유행시키도록 하는 데 도움을 준다. 이 책은 경영 팀이 왜 탁월하게 되는가에 대한 청사진이다. 담당 업무 분야의 기술이 무엇이든지 간에 커뮤니케이션의 세 가지 경로를 마스터하고 나면 마케팅, 금융, 영업, 그리고 인적 자원 간의 팀워크에 전략적인 중요성이 놓여 있음을 알게 된다. 따라서 각 팀의 대변인 모두가 서로의 일관성을 발전시키게 된다.

로렌 패치(Lauren Patch), 와인컴(Wyncom)의 CEO

클라크와 크로스랜드는 역사적 사건과 현대의 일화를 그리면서, 리더십의 본질적인 요소들을 포함하여 리더십을 혁신하기 위한 비결을 공개한다. 실제로 리더십을 실행하거나 열망하는 사람은 누구나 이 책으로부터 고무받을 수 있다.

톰 켈리(Tom Kelly), 디자인 회사 'IDEO'의 전무이사이며, 『혁신의 기술(The Art of Innovation)』

(한국어판, 『유쾌한 이노베이션』, 2002)의 공저자

리더십은 미국 기업에서 가장 부족하면서도 아직까지 가장 가르치기 힘든 기술이다. 클라크와 크로스랜드는 진실한 리더들이 구성원들을 이끌어가는 방법을 보여주는 거대한 발걸음을 앞으로 내디뎠다. 이 책은 풍부한 내용, 일화, 그리고 뒷받침하는 사례 연구를 통해 현재의 리더들과 장차 리더가 되기를 열망하는 사람들이 다함께 반드시 읽어야 하는 책이 되었다.

알렉스 브리험(Alex Brigham), 코피디어 에듀케이션(Corpedia Education, Inc.)의 CEO

『리더스 보이스』는 나를 날려버렸다. 이 책은 정말 재미있다. 유쾌한 이야기들, 결과를 미리 알 수 없는 사실들, 영감을 자극하는 비유가 풍부하여, 내가 알고 있는 모든 리더들에게 이 책을 추천한다. 나도 이 책을 통해 고무되었다. 종종 이 책은 시적이기까지 하다. 감정적 강도를 손으로 만지듯 느낄 수 있다. 나는 저절로 터지는 웃음과 함께 고개를 끄덕이며 동의를 하곤 하였다. 클라크와 크로스랜드는 여러분이 구성원들과 좀더 설득력 있게 커뮤니케이션할 수 있도록 이해하기 쉽고 즉각 적용해볼 수 있는 과정을 제공한다. 자신에게 호의를 베풀어보기 바란다. 이 책을 읽어라.

제임스 M. 쿠제스(James M. Kouzes), 『리더십 도전(The Leadership Challenge)』

(한국어판, 『리더십 불변의 법칙』, 1998)과 『마음 격려하기(Encouraging the Heart)』의 공저자

리더스 보이스

.

The Leader's Voice

The Leader' s Voice: How your communication can inspire action and get results!
Copyright ⓒ 2002 by SelectBooks, Inc.
Korean-language edition copyright ⓒ 2003 by ILBIT Publishing Co.

All rights reserved. Original English language edition published by SelectBooks, Inc.
405 Park Avenue, Suite 901, New York, NY 10022, USA.

No part of this book may be used or reproduced in any manner
whatever without written permission except in the case of brief quotations
embodied in critical articles or reviews.

이 책의 한국어판 저작권은 저작권자와의 독점 계약으로 도서출판 일빛에 있습니다.
신저작권법에 의해 한국 내에서 보호를 받는 저작물이므로
무단 전재와 무단 복제를 금합니다.

The Leader's Voice

리더스
보이스

| 보이드 클라크 · 론 크로스랜드 지음 | 나상억 · 조계연 옮김 |

일빛

리더스 보이스

펴낸곳   도서출판 일빛
펴낸이   이성우
지은이   보이드 클라크(Boyd Clarke) · 론 크로스랜드(Ron Crossland)
옮긴이   나상억 · 조계연

기획   문희정
편집   이경아 · 김미선 · 정운정
디자인   윤대한
마케팅   최정원 · 이정자

등록일   1990년 4월 6일
등록번호 제10-1424호

초판1쇄 발행일 2003년 5월 15일
초판2쇄 발행일 2003년 5월 30일

주소   121-837 서울시 마포구 서교동 339-4 가나빌딩 2층
전화   02) 3142-1703~5 팩시밀리 02) 3142-1706

값 12,000원

ISBN 89-5645-023-4 03320

■ 잘못된 책은 교환해드립니다.

보일러실에서부터 이사회에 이르기까지
칭송되든 칭송되지 않든 중요한 일에 대하여
진심으로 말하였던 모든 리더들에게

론 크로스랜드(Ron Crossland)

톰 피터스(Tom Peters)의 추천의 글

"리더십은 궁극적으로 다른 사람들에 대해 믿음을 갖는 행위이다."
"비전은 아이디어로 하는 일종의 사랑 사건이다."
"가치 있고 의미 있는 무엇인가를 이루고자 하는 갈망은 보통 사람들 누구에게나 공통된 것이다."

이 책은 리드하는 것과 리더들에 대한 내용이다. 왜 이러한 주제를 가지고 시작하는가? 왜냐하면 리더십에 관한 많은 책이 솔직히 말해 나를 실망시켰기 때문이다. 즉 감정, 열정, 관심, 리더들과 추종자들 사이의 연결을 충분히 전달하지 못했다. 그 책들은 화합물처럼 분해되거나 환원시킬 수 있는 성질의 것이 결코 아닌 리더십에 대하여 경영대학원식의 환원적 사고를 적용하는 잘못을 범하고 있다.

오늘날처럼 혼란스러운 시대에 리더십보다 중요한 것은 없다. 그리고 내 생각으로는 어느 누구도 내 동료 보이드 클라크와 론 크로스랜드보다 리드하는 일과 리더들의 본질을 더 잘 이해하지는 못하고 있다.

이들이 내 동료라서 사적 이해 관계를 가지고 소개하는 것처럼 보일수도 있다. 문제는 나의 가장 가까운 친구들이기에 다른 사람들보다 훨씬 더 엄격한 기준을 적용해야 했다는 점이다. 나는 수개월 전에 보이드와 론에게 내가 '그 책을 사랑하지' 않으면 결코 서문을 써주지 않겠다고 알려주었다(나는 이 책을 사랑한다. 그들은 통과한 것이다. 나는 쓰고 있다). 그러고 나서 이 두 사람이 파악하기도 어렵고 불안정하기까지 한 리더의 일을 주제로 수백 명의 고객 회사 리더들을 상대로 힘겨운 작업을 수행하여 마침내 훌륭한 결과를 창출해내는 것을 운 좋게도 지켜볼 수 있었다. 이 책의 모든 아이디어는 실제 인물들의 테스트를 성공적으로 거친 것이고 실제로 검증을 받은 것임을 밝혀야겠다.

이 책을 '이해하기' 위해서는 타이틀인 '리더스 보이스(The Leader's Voice)'를 깊이 생각해보는 것이 좋은 방법일 것이다. 소리는 기획이나 계획이 아니다. 부제인 '의사소통' '행동을 고무시켜라'도 음미해보기 바란다. 시작 부분에 적은 3개의 인용구들에 '리더 / 소리 / 고무 / 행동', 이 낱말들을 추가해보라.

지난 여름 나는 리더십에 관한 글을 쓰고 있었다. 나는 내가 쓴 것에 대해 대단히 큰 불만을 느꼈다. 대부분의 글이 결국 추종자들을 '향하여' 무엇인가 하라고 명령하는 리더들에게 이런 저런 사족이나 덧붙이는 것처럼 보였기 때문이었다. 그러던 차에 나는 우연히 친구이자 경영의 귀재인 칼 바이크(Karl Weick)가 인용한 글을 접하게 되었다. 칼은 리더의 사전에서 가장 중요한 두 가지 단어는 "나는 모른다"이다라고 주장하였다. 즉, 리더들이 추종자들을 '향하여 이것 저것을 하라고' 하지 않아야 한다는 것이다. 오히려 리더들은 추종자들이 마음으로부터 동의할 만한 가치가 있는 근거를 찾도록 돕고, 시작할 때 가지고 있던 각자의 포용력을 뛰어넘어 하나가 되면서 전혀 예상하지 못했던 모험을 함께 만들어가는 것이라는 뜻이다.

이것은 또한 말 그대로 『리더스 보이스』의 핵심이다. 계획과 집행은 분명히 중요하다. 저자들도 그러한 아이디어를 무시하지 않는다. 그러나 가장 중요한 문제는 추종자들에게 감정적으로 투자할 가치가 있는 무언가를 맡기는 것이다. 내가 가슴속 깊이 존경하는 또 다른 경영 전문가인 리처드 파슨에 대해 회고해보면 그는 이것에 대해 명백한 확신을 갖고 있었다. 그는 널리 퍼져 있는 '실패에 대한 두려움'을 없애기 위한 시도는 쓸모없는 시간 낭비라고 말했다. 실패에 대한 두려움은 제거될 수 있으나 그것은 오직 한 가지에 의해서만 가능하다고 주장하였다. 그것은 사람들로 하여금 열정을 느낄 가치가 있는 업무, 목표, 그리고 비전에 푹 빠지도록 하는 것이다. 만일 내가 목적하는 일의 예상 결과에 대해 전혀 흥미가 없다면, 내가 왜 그러한 위험을 감수해야 하는가?

클라크와 크로스랜드는 진실성 등등과 같은 아이디어에 대해 쓰고 또 쓰고 계속 그렇게 하고 있다. 그리고 그들의 '가슴으로부터' 이야기하는 능력은 정말이지 욕 나올 정도로 굉장하다! 이러한 생각들은…… '리더스 보이스'이다. 이러한 생각들이야말로 바로 '열정적인 정렬을 창조하는 핵심'이다.

거듭 말하건대, 나는 이 책을 사랑한다. 이야기들은 고무적이고, 아이디어들은 장시간에 걸쳐 검증을 받았다. 아이디어들이 올바를 뿐만 아니라 리더십 관련 문헌들에서 뻥 뚫려 있는 빈 공간을 꽉 채워주고 있다. 덧붙여서 시기 또한 절묘하다. 기업의 세계로부터 정치의 세계에 이르기까지 산을 움직이는(러시모어 산처럼 산에 당신의 얼굴을 새겨넣는) 리더십의 진짜 뿌리를 이해하는 것이 지금보다 중요했던 적이 결코 없

THE LEADER'S VOICE

었다.

　사실 나는 이 책이야말로 러시모어 산의 얼굴 조각과 같은 업적이라고 믿는다. 사람들을 연결하고 고무시키며 그리고 그들이 바뀌도록 영향을 끼치기로 결심한 리더들과 리더 지망생들이 깊이 있게 고찰할 가치를 지니고 있는 책이다.

　브라보!

　　　　　　　　　　　　　버몬트 주 웨스트 틴마우스에서

글머리에

유명한 영화배우 제임스 얼 존스는 힘이 있고, 심금을 울려주며, 결코 잊혀지지 않는 목소리의 소유자로 널리 알려져 있다. 스타 워즈에서의 '다쓰 베이더(Darth Vader)'에서 '여기는 CNN입니다'에 이르기까지 그의 목소리는 전 세계로 알려지게 되었다. 그는 『제임스 얼 존스 : 소리와 침묵(James Earl Jones : Voices and Silences)』이라는 자서전에서, 그가 불과 여섯 살이었을 때 자기 가족이 미시시피 주에서 소작을 하다가 어떻게 디트로이트로 이사하게 되었는지에 대하여 쓰고 있다. 이때의 힘든 변화로 인해 그는 말을 더듬는 심각한 위기를 겪게 되고 그 후 8년 동안 그는 거의 한마디도 할 수 없었다.

고등학교 영어 시간에 제임스 얼과 급우들은 영시 한 편을 짓고 낭독하라는 과제를 부여받게 되었다. 그가 영시를 짓는 과제를 완성하고 나자 단호하면서도 배려심이 깊은 도널드 크라우치 선생의 다음과 같은 도전적인 쪽지가 그에게 전해졌다. "제임스 얼, 나는 너의 시에 감동을 받았다. 나는 네가 말하는 것이 얼마나 어려운지 알고 있고 따라서 너에게 낭독해주도록 요구하지는 않겠다. 그러나 유감스럽게도 이 구절들을 네가 직접 쓴 것인지 아닌지 나로서는 알기 힘들구나. 이 시는 훌륭하다. 혹시 누구 것을 베끼지 않았니?"

제임스 얼은 그 사건에 관하여 이렇게 썼다. "내 명예가 위험에 처하게 되었다. 표절은 나쁜 일이었다. 나는 시의 모든 구절을 스스로 직접 썼다. 내가 자리에서 일어섰을 때 나는 내 자신을 저주하면서 부들부들 떨고 있었다. 나는 극도로 긴장에 떨면서 뭔가를 내뱉기 위하여 내 영혼의 밑바닥으로부터 낱말들을 밀어냈다. 나는 입을 열게 되었다. 그러자 놀랍게도 낱말들이 부드럽게 밖으로 흘러나왔다. 하나하나 남김없이 모두." 그는 급우들이 자신의 시보다는 오히려 자신의 행동을 보고 놀라서 모두 나가떨어졌다고 썼다. 일순간에 제임스 얼 존스는 리더십 커뮤니케이션에 대한 중요한 교훈 하나를 배우게 되었다.

자신의 어휘인지 확인하라.
자기 영혼의 밑바닥으로부터 말하라.
행동은 그 스스로 알아서 일어날 것이다.

차 례

1

THE LEADER'S VOICE

리더스 보이스

*리*더십 커뮤니케이션에서 가장 큰 문제는
이미 저질러져 있는 그릇된 관념이다

제2차 세계 대전이 끝난 후였다. 오십이라는 적지 않은 나이의 골다 마이어(Golda Meir)는 이스라엘 국가 건립을 위한 자금을 모금하고자 미국으로 건너갔다. 그녀에게 모금이라는 과업은 지금까지 한 번도 해본 적이 없는 전혀 새로운 도전이었다. 강인한 성격의 소유자인 이 여성은 1898년 우크라이나의 수도 키예프의 한 가난한 집에서 태어나 미국으로 이민하였다. 밀워키에서 성장하였으며 학교에서 학생들을 가르치기도 했다. 결혼하여 남편과 함께 팔레스타인으로 이주하여, 1921년부터 이스라엘이 건국될 때까지 영국이 통치하던 지역 내에서 가장 권위를 가진 기관이었던 유대인 에이전시(Jewish Agency)에서 중책을 맡고 있었다.

역사적인 이스라엘의 독립 선언이 있기 전부터 이미 골다는 훌륭히 싸워왔다. 그녀는 팔레스타인 지역의 유대인 인구가 약 6만 5천 명에서 80만 명 이상으로 늘어나는 것을 지켜보았고, 유대인과 팔레스타인 주민들에게 서로 이해가 대립되는 위임 통치를 영국이 계속하려 하자 발생했던 1930년대 후반의 아랍 반란도 경험하였다. 그리고 골다는 제2차 세계 대전 중에 일어난 유대인 대학살로부터 살아남은 사람들을 기꺼이 받아들였다. 1947년에 영국이 그 지역에서 떠난 후에 발생한 내란 속에서도 그녀는 나라가 제대로 운영되어가도록 온 힘을 다했다. 그런 와중에 그녀는 만만치 않은 정치적 상황 속에서 새로 발족한 UN의 비효율성을 지켜보면서 무엇보다도 우선 팔레스타인 지역을 차지하기 위한 싸움이 계속될 것임을 깨달았다. 슬픈 현실이었지만 그녀의 판단은 맞았다.

이렇게 급박한 순간에 이스라엘은 무엇보다도 절실하게 돈이 필요했다. 유대인 지도자 데이비드 벤구리온(David Ben-Gurion)은 골다에게 예견되는 아랍국들의 공격으로부터 팔레스타인의 유대인들을 보호하는 데 꼭 필요한 5백만 달러의 거금을 미국으로 건너가 모금해오도록 요청했다. 1948년 1월 미국에 도착하자마자 곧 그녀는 저명한 조언자들로부터 미국의 유대인 사회가 지금까지 이미 엄청난 돈을 내놓아서 돈을 더 달라고 하기에는 정말 어려울 것이라는 얘기를 듣게 되었다. 미국 내 유대인들은 팔레스타인 지역에 얼마나 많은 돈이 필요한가에 대해 듣는 것을 지겨워하는 상황이었다.

상황이 이런데도 불구하고 골다는 예고도 없이 시카고의 유대인 연합회에 불쑥 나타났다. 우리가 즐겨 인용하는 이 실제 이야기를 뒷날 마이클 애벌론(Michale Avallone)은 『골다라 불린 여인(A Woman Called Golda)』이란 책으로 출간했다.

공식 연설문을 준비하지도 않은 채 골다는 그녀의 메시지를 전혀 듣고 싶어하지 않는 청중들 앞에 모습을 드러냈다. 하지만 그녀는 자신이 무엇을 말하고 싶어하는지 정확히 알고 있었다. 골다는 이미 준비되어 있었다. 30년 동안 그녀는 대의(大義)를 뒷받침하기 위해 싸워왔다. 이 기간 동안 그녀는 맹목적인 이상주의에서 벗어나 강하고 현실적인 세계관을 갖게 되었다. 그녀는 자신의 대의를 확신하였으며 그녀가 의지한 것은 자신의 믿음과 정직이었다. 그녀는 다음과 같이 말했다.

제가 드리는 말씀을 진정으로 믿어주시기 바랍니다. 제가 미국에 온 것은 수백만의 우리 동족이 죽을 위험에 처해 있기 때문이 아닙니다. 그것이 문제가 아닙니다. 문제는 이렇습니다. 팔레스타인의 유대인들이 살아남으면 세계의 유대인들이 그들과 함께 살아남게 될 것이고, 그들의 자유는 영원히 보장될 것입니다. 그러나 이들 수백만 명이 지구 표면에서 사라지면 유대 민족이란 존재하지 않을 것이고, 앞으로 수세기 동안 유대인 민족 국가, 그리고 고국에 대한 우리 모두의 꿈과 희망은 산산이 부서질 것입니다.

친구 여러분, 우리에게 돈이 절실히 필요하다고 제가 얘기할 때 그 시기는 다음 주를 의미하지 않습니다. 바로 지금을 의미합니다. 서너 달 내에 우리는 대포와 총에 맞서 싸워서 우리의 생명을 지켜야 할 것입니다. 우리가 싸워야 하는지 말아야 하는지를 결정하는 사람은 여러분이 아닙니다. 결정은 이미 내려졌습니다. 우리는 싸울 것입니다. 우리는 국가를 탄생시키는 대가를 우리의 피로써 치를 것입니다. 그것은 너무도 당연합니다. 우리 가운데 가장 뛰어난 사람들이 사라져가겠지요. 여러분은 오직 이 한 가지만 결정할 수 있습니다. 우리를 이기게 할 것인가 아니면 지게 할 것인가.

어색한 침묵이 길게 흐른 후 우레와 같은 박수 소리가 터져 나오고 성금이 쇄도했다. 그 동안 유대인들에게 만연해 있던 잘못된 인식이 극복되는 순간이었다. 그들은 피정복자들이며 항복한 사람들이라는 인식을 가지고 있었던 것이다. 그런데 이제 바로 자신들을 위해 싸우기로 결정한 것임이 분명해졌던 것이다. 이기기 위해서는 돈이 반드시 필요했다. 이는 너무도 단순하고 간단하지만 사실 그대로였다.

자유는 종종 피를 먹고 자라는 이상이다. 많은 사람이 죽게 될 것이며 나아가 이러한 공포스러운 일은 몇 차례나 일어날 것이다. 대부분의 미국 유대인들은 이스라엘에 가족과 친구들을 두고 있었다. 일가 친척이 그곳에 있는지 확실히 알지 못하는 사람들은 갈등에 휩싸였다. 그 갈등은 개인적이고 감정적인 느낌이었다.

유대인들은 천 년 가까이 조상들의 땅을 회복하고자 희구해왔다. 나치의 대학살이라는 공포가 시오니즘(Zionism)의 불을 당겼다. 유대인들과 유대주의의 상징적 목적지와 이스라엘이란 국가의 운명이 뗄 수 없는 관계로 연결되었다.

그녀의 이 연설, 그리고 다른 비슷한 연설들이 모두 끝났을 때 모금에 대한 걱정으로 애를 태우던 벤구리온은 이스라엘에서 골다에게 전화를 걸어 얼마나 많은 돈을 모금했는지 물었다. 골다의 답변을 들은 그는 깜짝 놀랐다. 희망했던 금액의 10배나 되는 5천만 달러가 모금되었기 때문이다.

1948년 5월 14일 이스라엘은 독립을 선포하였고, 5월 15일에 이집트·시리아·레바논·요르단·이라크가 이스라엘을 공격하였다. 8개월이라는 기나긴 시간이 지난 후에 제1차 아랍—이스라엘 전쟁이 끝났다.

벤구리온은 후에 골다에 대해 언급하면서 이렇게 말했다. "언젠가 우리의 역사가 씌어진다면 '국가가 수립될 수 있도록 자금을 조달한 한 유대인 여성이 있었노라'라고 기록되게 될 것이다." 골다 마이어는 자신의 의사를 강력하게 전달하였다. 그녀는 청중들에게 사실을 제시하였고, 그들의 감정에 호소하였으며, 이스라엘이란 존재의 상징적 중요성을 이해하도록 도왔다. 그녀의 리더십은 겉으로 보아 불가능해 보이던 일을 가능케 했다. 골다는 리더의 소리를 가졌고 사람들은 듣는 것 이상의 것, 즉 행동을 취하였다!

그녀가 행한 위대한 일들은 그 밖에도 많이 있다. 그러나 우리는 골다 마이어에 대해 논하고자 하는 것이 아니다. 위대한 세계 지도자들에 대해 논의하고자 하는 것은 더더욱 아니다. 바로 '여러분의' 리더십과 '여러분의' 목소리에 대해 논의하고자 한다. 우리는 수십 페이지에 걸쳐 존 F. 케네디가 강력한 카리스마를 어떻게 보여주었는지, 마가렛 대처가 얼마나 강인했는지, 마하트마 간디가 주창한 사티아그라하, 즉 '진리 안의 견고함'이 얼마나 위대했는지 설명할 수 있다. 나아가서 윈스턴 처칠이 보여준 인내심, 마틴 루터 킹이 행한 이성에 호소하는 웅변, 또는 안와르 사다트가 제창한 평화에의 비전 등등에 대해서도 논의해보고 싶다. 그러나 이 책은 리더십 커뮤니케이션에 관한 책이다.

그리스 수학자 아르키메데스는 '지구 전체'를 옮길 수 있는 방법을 발견했다. 그야말로 충분히 긴 지렛대와 서 있을 장소만 있으면 지구를 옮길 수 있다는 것이었다. 사업을 엮어내서 진척시켜가는 일이 어렵게 느껴질 수 있다. 강력한 커뮤니케이션을 할 수 있는 능력은 리더가 반드시 가져야만 하는 역량임에도 불구하고 많은 리더들은 갖추지 못하고 있는 일종의 지렛대라고 할 수 있다. 공공 부문 리더십 전문가인 존 W. 가드너(John W. Gardner)는 "리더와 구성원 간의 커뮤니케이션이야말로 가장 핵심이 되는 사안이다"라고 하였다. 비즈니스 리더가 부딪치는 핵심적인 문제는 어떻게 설득력 있게 커뮤니케이션을 하여 구성원의 의식, 확신, 역량을 높이느냐에 달려 있다.

하지만 대부분의 리더들은 '조직 전체를 움직이는' 데 필요한 조직화된 초점, 동의, 활력을 만들어내는 데 자주 실패하곤 한다. 그 이유는 비즈니스 리더들이 커뮤니케이션을 하면서 습관적으로 다음과 같이 가정해버리곤 하기 때문이다. 그 가정들이란 아래와 같다.

1️⃣ 구성원들은 논의된 것을 '이해' 하고 있다
2️⃣ 구성원들은 논의된 것에 '동의' 하고 있다
3️⃣ 구성원들은 논의된 것에 '주의' 를 기울이고 있다
4️⃣ 구성원들은 이제 '적절한 행동' 을 취할 것이다

리더십 커뮤니케이션에서 가장 큰 문제는 이미 저질러져 있는 그릇된 관념이다.

이 책에서 대략적으로 말한 원칙들은 여러분이 커뮤니케이션을 향상시키는 데 도움이 될 것이다. 그러나 커뮤니케이션의 '기술' 을 터득하는 것까지는 논의하지 않겠다. 슬픈 현실이지만 수많은 리더들이 다른 사람의 기술을 모방하여 커뮤니케이션을 배우고 있다는 사실을 우리는 잘 알고 있다. 모방이 출발점이 될 수는 있지만, 스타일과 그 성과를 피상적으로 보여주는 데만 지나치게 초점을 맞추는 한계도 갖고 있다.

모방 훈련은 주로 프레젠테이션과 공개 발표에 초점을 두는데, 리더에게 강력한 제스처와 미소, 시선 주기, 이야기에 대화 상대 끌어들이기 등을 활용하도록 강조한다. 그렇게 하면 생생하게 실감나는 언어를 구사할 수 있다고 가르친다. 깊은 목소리로 청중이 아닌 개인에게 대화하듯이 말하라고 한다. 이어서 청중들에게 결코 등을 보이지 않아야 하며, 절대로 호주머니에 손을 넣었다 뺐다 하지 말라고 명령을 내린다. 그리고 "절대 빠르게 진행하지 말라. 우선 청중에게 말하고 싶은 것이 무엇인지 말하라. 그러고 나서 그들에게 말하고 싶은 것을 말하라. 다

음에 무엇을 말하였는지를 말하라. 유머를 가급적 많이 사용하라" 라고 가르친다. 그리고 이것이 구두 프레젠테이션의 전부인 양 끝낸다.

문서에 의한 커뮤니케이션은 이와는 다른 법칙과 기술을 거느리고 있다. 대부분이 문법, 작문, 그리고 현대적인 예절에 중점을 둔다. 하지만 현실을 보자. 일부 이메일들은 신비한 운수 보기 쪽지처럼 그 내용이 모호하기 그지없다. 그리고 어떤 회사의 결산 보고서를 들여다보노라면 부고(訃告) 기사보다 더 경직되고 딱딱하다. 그리고 너무도 많은 메모들은 부속 장부들과 도저히 구별할 수 없는 지경이다. 사실 우리도 이 책을 쓰고서야 문서에 의한 커뮤니케이션을 마스터하는 데 무엇이 문제이며, 어떻게 극복해야 하는지를 어렵사리 알게 되었다.

모방은 커뮤니케이션의 심오한 원칙을 찾아내지 않고 그저 그 겉모습을 세련시킬 뿐이다. 한두 가지 강력한 원칙이 오히려 평생에 걸쳐 배울 수 있는 모든 기술들보다 더 큰 지렛대를 제공할 수 있다. 이 책 『리더스 보이스(The Leader's Voice)』에서 제시하는 원칙들은 기술이나 본뜨기 모형, 그리고 모방을 뛰어넘는다. 이 원칙들을 적용한다면 리더는 점점 더 강력한 영향력을 발휘할 수 있을 것이다. 원칙은 항상 기술을 이긴다!

그러나 이 원칙들은 어디까지나 수단이다. 아르키메데스처럼 리더도 자신이 서 있을 지점이 있어야 한다. 리더가 자신의 입장을 알면서 이 원칙들을 적용할 때에야 비로소 뛰어난 결과를 기대할 수 있다.

여러분이 리더의 소리를 개발하기 위해서는 다음과 같은 영역에서 명확해야 하고 깊이를 가져야만 한다.

확실함(Authenticity) : 리더로서 나는 누구인가? 나에게 동기를 부여하는 것은 과연 무엇인가? 이러한 감화를 왜 끼치려 하는가? 내가 가지고 있는 두려움과 갈망은 무엇인가? 내가 진정으로 믿는 것은 무엇인가? 과연 나를 달라지게 만들 수 있는가?

예지(Foresight) : 우리의 비전과 브랜드 아이덴티티(brand identity)는 무엇인가? 우리의 전략적 방향은 궁극적으로 어디를 지향하는가? 내가 요구하는 행동은 나중에 어떻게 기억될 것인가? 우리는 어떤 종류의 조직을 갈망하는가, 그리고 그 이유는 무엇인가?

연결(Connection) : 나는 안개처럼 불확실한 상태를 어떻게 빠져나갈 수 있는가? 어떻게 하면 대화를 보다 더 의미 있게 할 수 있는가? 어떻게 하면 보다 나은 순서를 밟아 나갈 수 있는가? 어떤 식으로 구성원들과 공식적 그리고 개인적 커뮤니케이션을 할 것인가?

정황(Context) : 당장 리더에게 요구되는 것은 무엇인가? 이어서 모두에게 요구되는 것은 무엇인가? 어떤 동기 부여가 결합되는가? 시장의 힘, 정치, 그리고 현재의 추세가 나의 회사에 어떻게 영향을 끼치게 되는가?

이러한 질문들에 대해 답을 한다면 여러분은 딛고 설 장소를 갖게 될 것이다. 그러나 여러분이 무엇인가를 딛고 서 있어도 여전히 커뮤니케이션을 할 수 없을지 모른다. 우리는 가끔 비즈니스 리더들과 그들의 구성원 사이에 커뮤니케이션이 전혀 이루어지지 않는 황무지가 있음을

THE LEADER'S VOICE

발견하곤 한다. 명령할 지위와 전략적 위치에 처해 있는 비즈니스 리더가 자신이 누구이며, 누구와 커뮤니케이션을 하는지, 그리고 무엇을 말하고자 하는지 이미 알고 있지만 안타깝게도 참호 속에 웅크리고 앉아 있는 병졸들은 그 메시지를 전혀 '전달받지' 못하는 경우가 있다.

우리는 많은 비즈니스 리더들이 어떠한 커뮤니케이션을 시도하여 이러한 단절을 뛰어넘는지 주도면밀하게 지켜보면서 비즈니스의 안개처럼 불확실한 상태를 뚫고 지나갈 수 있다고 여겨지는 언어들에 대한 지식을 수집하였다.

가장 효과적으로 커뮤니케이션을 하는 사람들은 세 가지 본질적인 경로를 사용하여 중요한 리더십 메시지를 전달하면서 앞에 언급한 바 있는 네 가지 치명적인 가정을 극복하고 있었다. 그 경로란 이렇다.

사실적(Factual)

감정적(Emotional)

상징적(Symbolic)

모든 사람이 이러한 경로들을 사용하지만 대부분은 한 가지, 또는 두 가지 경로에만 과도하게 의존하고 나머지는 축소시켜버린다. 이는 마치 철인 3종 경기를 훈련한다고 하면서 오직 수영만 연습하는 것과 다름없다.

언젠가 올빌 라이트(Orville Wright)는 노스캐롤라이나 주 키티 호크에 있는 라이트 형제 국립기념관의 벽에 새겨진 다음 문구를 인용한 적이 있다. "우리가 발견할 수 있도록 이 모든 비밀들이 그렇게도 오랫동안

보존되어 있었다니 놀랍지 않은가?" 이러한 놀라운 감정을 작게나마 우리도 마찬가지로 누릴 수 있다. 복잡하기 그지없는 리더십 커뮤니케이션의 세계도 간단한 형식이 등장함에 따라 이해할 수 있게 되었다. 그 성공은 더욱 더 예측이 가능하게 되었다. 다른 사람들을 코치할 때 그들의 성공을 지켜보면서 우리 또한 놀라게 되었다. 이제 우리가 발견한 것이 여러분과 여러분의 조직이 비상하는 데 도움을 줄 수 있기를 진정으로 바란다.

수년 전에 우리는 렌즈크레프터즈(LensCrafters)와 컨설팅 계약을 맺었다. 그런데 이 회사는 두 기업가가 세상 사람들 눈에는 보이지 않게 묻혀 있던 어떤 비밀을 발견하면서 설립되었으며, 설립 이후 성장을 거듭하여 세상을 놀라게 하였다. 아시다시피 렌즈크레프터즈가 존재하기 이전에는 안경 렌즈를 사기 위해서 제작실에 가져갈 의사의 처방을 받기 위해 수일에서 수주를 기다려야 했다.

그러나 정작 제작실에서 렌즈를 가공하는 데는 실로 한 시간밖에 걸리지 않는다는 데 비밀이 숨겨져 있었다. 시장의 잠재력을 알아차린 렌즈크레프터즈는 1983년 켄터키 주 플로렌스에 제1호 점포를 열어 제작실을 사람들 코앞에 접근시켰다. 곧 두번째 점포를 열게 되었다. '딱 한 시간이면 OK' 개념이 바쁘기 그지없는 소비자들에게 빠르게 인기를 얻어갔다.

설립 초기부터 렌즈크레프터즈는 기업가의 꿈과 혁신가의 마음가짐으로 운영되었다. 2차 연도까지는 수십 개의 점포를 개설하면서 아울러 회사를 끌어가는 비전과 가치를 세워 나갔다. 1986년 봄에는 일주일

에 평균 2개꼴로 점포가 신설되었으며, 회사 설립 5년째인 1988년이 되자 미국 내에 278개의 점포를 보유하게 되었다. 그야말로 기업가로서의 꿈이 실현된 것이었다.

그러나 급격한 성장을 실현한 다른 수많은 회사들처럼 이 회사의 사업도 정체기를 맞게 되었다. 회사 설립 이래 초창기에 렌즈크레프터즈에서 가장 존경받던 리더인 밴 허드슨(Ban Hudson)은 렌즈크레프터즈의 모회사인 유에스 슈(U.S. Shoe)의 CEO로 옮겨가면서 데이브 브라운(Dave Browne)을 후계자로 지명하였다. 불과 30세의 젊은 나이에 급한 성미의 브라운이 렌즈크레프터즈를 다음 단계로 진입시키는 책임을 맡은 경영자가 된 것이다.

그렇게 놀라운 성공을 거둔 회사를 다음 단계로 끌어올리는 일은 결코 작은 과업이 아니었다. 하지만 만일 누군가 그 일을 할 수 있는 사람이 있다면 데이브 브라운 또한 그 일을 할 수 있을 것이었다. 그는 성공과 확신으로 정열이 활활 타오르는 특별한 사람이었다. 그는 재무 분석과 소매 영업, 그리고 시장 지배력에 있어서는 탁월한 역량을 보유하고 있었다. 정력이 넘쳐나는 다른 여느 MBA와 마찬가지로 그 또한 열심히 일을 하기는 하지만, 회사 전체 대열에서 낙오되어 있는 직원들에게는 비정하리 만치 빈틈없는 분석을 통하여 규율의 잣대를 들이댔다. 데이브는 경쟁적이었으며 월 스트리트가 좋아하는 부류의 경영자였다.

그러나 데이브는 '숫자만이 가장 확실하게 끝내주는 무기'라고 자기 주술을 걸고 있었다. 데이브의 일차적인 문제는 사실적 경로에 너무 많이 의지하고 있는 데 있었다. 그의 주위 사람들은 그의 재능을 높이 평가하면서 존경하였다. 하지만 그가 CEO이자 사장이기는 하지만 리더라고 할 수는 없다는 점 또한 분명했다. 불행하게도 그는 뛰어난 분석을 가하면서도 뒤따라오는 부수적인 효과로 인해 종종 고통을 당하게 되었다. 그는 사실들에만 얽매여 있었기 때문에 사람들로 하여금 다음 단계로 나아가도록 감동을 줄 수가 없었다. 그는 "나는 구석구석 모조리 다 알고 있다"라고 말했지만 실은 '보다 더 좋고 빠르고 값싸게'라는 사실 경로의 주술에 빠져들어갔을 뿐이었다.

렌즈크레프터즈가 효율성과 생산성을 향상시키기 위해 자기 성찰을 해야 함에도 불구하고 회사와 데이브 브라운은 동료들을 변화시키기 위해 사실 너머의 그 어떤 이유를 찾기 위해 투쟁하고 있었다. 훗날 데이브는 우리에게 "나는 오직 머리에 대하여 말했지 가슴에 대해서는 결코 말하지 않았습니다"라고 털어놓았다. 우리는 열정과 자긍심으로 가득 찼던 회사가 가장 효율적으로 잘 돌아가는 기계를 닮아가기 시작했음을 알아차렸다. 매출이 증가함에 따라 열정과 협력은 사라지기 시작했고, 사람들은 눈에 보이는 숫자로서의 성과를 올리기는 했으나 그 숫자들은 기록 갱신 이외에 다른 무엇도 제시하지 못하였음을 관찰하게 되었다.

우리는 데이브가 부정적인 측면의 피드백이 증가하고 있는 현실과 투쟁하고 있음을 관찰하게 되었다. 그는 밴 허드슨이 CEO로 있던 시절에 누리던 회사 정신을 상실하고 있음을 느끼기 시작했고, 자신이 기업의 심장을 자료의 바다에 빠뜨리지는 않았는지 걱정하게 되었다. 데이브는 자신이 바뀌어야만 한다는 점을 깨달았다. "나는 내 자신을 변화시킴으로써 렌즈크레프터즈를 변화시킬 필요가 있었습니다." 그는 회사 정신을 소생시키기를 바라면서 렌즈크레프터즈의 핵심 동료들을 끌어모아 회사 설립 10주년을 축하하기 위한 비전을 만들어내게 하였다. 고심과 노력을 기울인 끝에 그들은 다음 10년을 향한 비전, 사명, 그리고 핵심 가치를 발표하게 되었다. 새로운 비전은 "세상 보는 것을 도와주는 데 있어 세계 최고가 되자"였다. 그들은 "전설이 될 만큼의 높은 고객 서비스를 제공"하고 "세상에서 가장 좋은 직장에서 일하는 활기 넘치는 동료와 리더"가 됨으로써 "최고"가 되기를 원하였다. 그들은 또한 "어느 곳에서든 사람들이 편하게 접근할 수 있고" "시력 관리를 위한 맨 처음의 선택"이 됨으로써 세상 사람들의 보는 것을 돕고자 하였다. 그러나 비전의 상징적 핵심 항목에는 렌즈크레프터즈의 "가장 가난하면서도 우리를 가장 많이 필요로 하는 사람들에게 마음껏 볼 수 있다는 선물을 주자"는 약속을 담았다. 데이브 자신의 표현을 빌리자면 "시력의 선물이란 프로그램은 사업에 마음을 보다 더 쏟게 해주는 핵심이 되었다.”

데이브가 비전과 시력의 선물 프로그램 업무를 승인했다는 점은 모두 알고 있었지만, 그가 여기에 대해 얼마나 깊은 관심을 가졌는지는 1993년 3월의 회사 설립 10주년 기념 행사 날이 되어서야 비로소 알 수 있었다. 거대한 천막이 본사 건물 뒤에 설치되었고 거기에서 전형적인 회사 축제가 순조롭게 진행되었다. 데이브는 예전에 여러 번 그랬던 것처럼 직원들에게 연설하기 위해 무대 가운데에 자리잡았다. 그러나 이 날은 뭔가 달랐다. 그는 자기 마음에 대한 분석을 끝냈다. 감정을 더 복받치게 하는 것은, 렌즈크레프터즈가 세계에서 가장 큰 렌즈 유통업자가 된다는 장밋빛 비전을 지금 제시하고 있지만 회사의 어떤 직원은 병이 심각하여 입원하고 있다는 현실이었다.

이날 데이브는 숫자에 근거하지도 또 숫자를 나열하지도 않았다. 그는 개인적인 이야기를 하였다. 그는 어려웠던 시절에 자신이 필라델피아의 이 거리 저 거리에서 성장하던 이야기를 들려주었다. 그는 자신의 아버지(해외 이주민 출신으로 현재 그 자리에 참석하고 있는)가 늘상 되뇌곤 하던 원칙을 사람들에게 들려주었다. 그리고 “제 아버지는 저를 위해 희생하셨습니다. 그리고 기계처럼 평생 동안 같은 장소에서 같은 일을 하고 계시지요”라고 말했다. 그는 자신의 신앙과 가족에 대해 생각해볼 때 자신이 틀에 박힌 ‘월 스트리트의 CEO’가 될 필요는 없다는 점을 깨달았노라고 말했다. 데이브는 “저는 여전히 이기기를 원합니다. 나아가 사랑으로써 이기기를 원합니다”라고 말하였다. 그의 얘기가 끝나자 기립 박수가 터져 나왔다. 의무감에서 친 박수가 아니라 리더이자 보스에 대한 깊은 감사를 나타내는 동료들의 박수였다.

데이브 브라운은 다음 10년을 향한 새로운 비전과 사명, 그리고 핵심 가치를 설파할 때 보다 감정을 넣어 '시력의 선물'이라는 상징을 커뮤니케이션하기 시작했다. 그의 은유는 간단한 것이었다. "다른 모든 사람들 앞에서 고결한 동기를 갖도록 합시다." 그는 자신의 회사가 모든 사람을 정당하게 대우하도록 절대적으로 위임받았다고 말하였다. "우리는 동료를 속이고, 고객을 유혹하여 낚아채고, 변변찮은 판촉 활동으로 팔려고 하지 않습니다. 우리는 고결한 동기를 취하려고 합니다." 비록 상징은 단순하였지만 감정은 진실하였다. 렌즈크레프터즈 사람들은 변화를 느끼기 시작했다.

비범한 리더십의 소리는 과거에 발생한 냉소와 의심, 그리고 불확실성을 밀쳐낸다.

데이브에게 '시력의 선물 프로그램'은 특별한 의미를 지니고 있었다. 그는 여기에 관련된 모든 것이 관리팀의 지원을 받아 회사 동료들과 타인들에 의해 진행된다고 주저 없이 말하곤 한다. "저는 그저 '그렇게 하십시오'라고만 말하고 일체 관여하지 않고 빠집니다"라고 얘기한다. 오늘날 이 프로그램은 미국과 전세계 25개의 개발도상국에서 2백만 명 이상의 소외된 사람들에게 서비스를 제공하고 있다.

일단 데이브 브라운이 사실과 감정, 그리고 상징을 가진 커뮤니케이션을 시작하자 곧 렌즈크레프터즈는 정체 상태를 벗어나기 시작했으며, 틈새 시장에서 가장 큰 성공을 거둔 사례의 하나가 되었다. 데이브는 결코 정력적인 MBA가 되는 것을 그만둔 게 아니었다. 그는 사실에 기초한 자신의 커뮤니케이션 레퍼토리에 감정과 상징의 경로를 추가했을 뿐이었다.

우리는 케네디나 마틴 루터 킹, 간디, 그리고 여타 CEO들을 참조하여 영감을 고취시키거나 논지를 이해시키길 좋아한다. 그러나 이 세상 대부분의 사람들은 일상적인 직업을 가지고 있다.

나는 골다 마이어나 케네디, 또는 킹이 아니다. 결코 그렇게 되지 못할 것이다.

나는 아등바등 발버둥치고 있는 관리자일 뿐 내가 하는 일이 회사의 성공이나 실패에 별다른 영향을 끼치지는 못할 것이다.

나는 전무이사에 불과할 뿐 우리 회사를 다음 단계로 이끌어갈 한두 가지의 비전이라도 가질 수 있는 위치는 못 된다.

아마도 이 책을 읽는 독자 여러분은 판매 책임자이거나 프로젝트 임원, 아니면 IT 책임자이거나 공장장 혹은 부사장일지도 모른다. 누가 아는가? 여러분이 CEO가 될지도 모르지 않는가.

여러분의 회사는 아마도 이 세상에 평화를 가져오는 그 어떤 거창한 물건을 팔고 있지는 않을 것이다. 여러분이 골다 마이어처럼 여러분의 국가를 수립하는 데 도움을 주고 있거나, 윈스턴 처칠처럼 군인들을 목하 전쟁터로 내보내야 하는 위치에 있는 것은 아닐 것이다. 여러분이 파는 제품과 서비스는 화장실의 막힌 변기를 뚫는 흡착기이거나 또는 컨설팅과 같은 지극히 평범한 것일지도 모른다. 그러나 대부분의 수많은 사람들은 언젠가 자신이 세상을 변화시킬지도 모른다고 꿈꾸면서 살아가고 있다. 우리 모두는 중요한 인물이 되고자 원한다.

추종자들의 언어

마르틴 하르도이(Martín Hardoy)와 같은 스페인 까발레로(caballero)는 말들이 하는 언어를 알아들으려고 노력해왔다. 미국에서는 프랭크 벨(Frank Bell)이나 레이 헌트(Ray Hunt), 벅 브래너맨(Buck Brannaman), 그리고 몬티 로버츠(Monty Roberts)와 같은 '말에게 귀를 기울이는 사람들'이 우리들에게 말들의 언어를 가르쳐주었다.

전통적인 말 조련(horse breaking)은 네다섯 사람이 몇 시간 때로는 며칠에 걸쳐 끈질기게 노력해야만 가능한 일이었다. 전통적인 말 조련사들이 말 조련을 '꺾기(breaking)'라고 부르는 데는 이유가 있다. 이는 매우 격렬한 작업이다. 말의 기를 꺾는 동안에는 큰 소리의 울부짖음과 채찍질, 강제적인 폭력은 난무하지만 정작 커뮤니케이션이란 전혀 없다. 이와는 달리 말과 커뮤니케이션하는 사람들은 전혀 다른 새로운 방법과 철학을 가지고 있다. 하르도이는 "말들이 어떻게 생각하는가를 아는 것이 아이디어이다"라고 말한다. 어떤 사람들은 이를 '말 시작하기(srarting a horse)'라고 부른다. 이 기술은 서로의 관계를 맺기 위해 커뮤니케이션을 사용한다. 이때의 언어는 조련사의 언어가 아닌 말들의 언어이다. 목적은 말들이 자발적으로 참여하도록 하는 데 있다.

우리는 이러한 커뮤니케이션 과정이 효과적인 리더십 커뮤니케이션 원칙과 비슷하다고 생각한다. 이해를 보다 더 깊게 하기 위해 우리는 몬티 로버츠를 초청하였다. 일부 비판이 없는 것은 아니지만 몬티는 자신이 믿는 바에 대하여 대단히 열정적이었다. 그는 우리에게 자신의 철학과 그것이 수년에 걸쳐 어떻게 발전해 왔는지를 얘기해주었다. 우리는 그가 30평방피트의 우리 안에서 말의 눈을 응시하며 커뮤니케이션을 하는 내용을 담은 비디오 한 편을 시청하고서 놀라지 않을 수 없었다.

로버츠에 의하면 말의 눈을 들여다보는 것은 "나를 떠나라"는 뜻이라고 한다. 말은 우리의 맞은편 쪽으로 옮겨간다. 그는 면으로 만든 로프를 가지고 말 궁둥이 쪽을 살살 치면서 우리 가장자리로 몰고 다닌다. 말은 원을 그리며 총총 걸으면서 핥고 씹기 시작한다. 이 행동은 "나는 네가 무섭지 않아"라는 뜻이라고 한다. 끈질긴 추격은 말이 코를 위로 양옆으로 갑자기 움직일 때까지 계속된다. 이 행동은 "이제 이것 그만하자"는 뜻이다. 곧 말이 머리를 떨어뜨리는데 이것은 "나는 더 이상 도망가고 싶지 않아"라는 신호를 보내는 것이라고 한다.

몬티는 추격을 중단하고 말에게 등을 보이고 섬으로써 신뢰와 초청의 신호를 보낸다. 놀랍게도 말이 다가오기 시작한다. 그가 돌자 말도 그를 뒤따른다. 말의 행동을 강화시키는 동작과 부드러운 다독거림이 이어진다. 그가 다시 등을 보이면서 걸으면 말도 그와 동행한다. 로프와 기술을 신뢰와 연대가 대체한 것이다. 불과 몇 분 후에 말은 흠칫흠칫 하면서도 안장을 받아들인다. 잠시 동안 안장을 느껴보고 자신감을 더 갖게 되자 말은 마침내 기수가 탈 수 있는 마음의 준비를 하였다. 그 과정이 완전히 끝났을 때 방금 전까지 야생마와 같던 이 말은 몬티가 마치 자기 무리 중한 마리 동료라도 되는 양 그의 머리와 어깨를 코로 비벼댔다.

몬티의 방법은 매우 효과가 있어서 엘리자베스 2세는 그를 영국으로 초청하였다. 그는 그곳에서 열여섯 마리의 말을 왕립 경주마들로 조련하였다. 영국에서 거둔 놀라운 성공이 언론을 통해 알려지자 그의 이야기는 수백만 권의 책으로 출판되어 팔려 나갔고, 오프라 윈프리 쇼에 출연했으며, ABC의 대표적 뉴스 프로그램인 나이트라인에 방영되기도 했다.

몬티처럼 '말과 속삭이는 조련사들'은 말과 동물의 언어로 대화를 함으로써 서로를 연결한다. 말은 그들의 힘과 정신에 손상을 받지 않고 자발적으로 뒤따른다. 이와 달리 조련을 거친 말들은 명령을 따른다. 그러나 그 말들이 시킨 일을 잘하는 동안에도 사실 그들의 정신은 위축되고 있는 것처럼 보인다.

비즈니스 세계도 이와 마찬가지이다. 리더는 힘주어 말한다. 추종자들은 명령에 의해 박수를 친다. 커뮤니케이션이 잘 이루어졌다는 잘못된 관념이 일어나지만 현실은 전혀 그렇지 못하다. 불행하게도 이러한 커뮤니케이션의 실패는 이어서 커뮤니케이션이 전혀 이루어지지 않는 정지 상태를 낳는다. 시간이 흐를수록 리더들은 커뮤니케이션보다는 명령에 의존하는 일을 반복하게 된다. 명령은 재능을 길들이는 것이 아니라 오히려 재능의 파괴를 초래한다.

리더의 소리란 바로 여러분의 동료 즉 회사 구성원들의 언어이다. 그들은 사실과 감정, 그리고 상징을 통해 듣는다.

하나로 통일된 목소리

우리는 하나로 통일된 목소리가 모든 것을 변화시킬 수 있다고 믿는다. 하나로 통일된 목소리는 군중의 요란스러운 소리와 길거리의 시끄러움, 그리고 시장에서의 충동적인 언동을 뛰어넘어 여러 사람에게 들릴 것이다. 사람들은 이러한 목소리를 듣게 될 때 비로소 반응을 나타내게 된다. 제철소의 용광로처럼 욕망의 불꽃을 타오르게 하여 세상 위로 날아오르고 기적을 이루게 한다. 하나로 통일된 목소리야말로 위대한 일을 하도록 고무시킨다. 아주 특별하도록 만든다. 이것이야말로 힘을 북돋아주고 서로를 하나로 통합시킨다.

'그것은 리더의 소리이다.'

이 하나로 된 목소리는 복잡한 것을 간단하게 만들고 불투명한 것을 투명하게 한다. 그리고 불협화음을 가라앉히고 방향을 가진 화음을 만들어낸다. 이는 절망을 희망으로, 냉소를 목적으로 바꿔낸다. 언급되지 않은 채 숨어 있는 것을 명백히 밝혀주며, 사람들이 느끼면서도 두려워 말도 못하는 것을 설명하도록 해주며, 마비되었을 때 행동하도록 요구한다. 비범한 리더십의 소리는 과거에 빚어진 냉소와 의심, 그리고 불확실성을 밀쳐낸다.

리더의 소리는 여러분으로 하여금 진실을 말하게 함으로써 다른 사람들이 빙빙 둘러대는 말과 구별할 수 있게끔 해준다. 이는 다른 사람들이 사소한 내용을 가지고 시시콜콜 말다툼이나 하고 있을 때 추종하지 않을 수 없는 설득력을 가진 정황(context)을 만들 수 있도록 해준다. 그리고 이는 어떤 상태가 확실하게 드러나기 전에 벌써 다른 사람들로 하여금 태도를 분명히 취하도록 북돋아준다. 이것이야말로 여러분의 진정한 목소리이다. 여러분의 낱말이 서툴고 어색하더라도 여러분의 목소리는 웅변적이다. 열정적으로 나아갈 방향을 선언할 때 그 목소리는 따를 사람들을 결합시키고 그렇지 않을 사람들을 떨어져 나가게 한다.

만일 여러분이 리더로서 앞장서서 이끌어가고자 한다면 증인석에 설 각오와 대비를 하라. 일부 사람들은 자신들이 성공하지 못한 것은 바로 여러분 때문이라고 비난하면서 여러분에 대해 부당한 판단을 할 것이다. 또 다른 사람들은 여러분이 줄 수 없는 자원이나 여러분이 가지고 있지 않은 답변, 그리고 여러분이 줄 수 없는 허가를 기대할 것이다. 가끔은 여러분의 얘기가 엉뚱하게 인용되는 난처한 경험도 겪을 것이다. 그리고 때로는 여러분의 판단이 의문시되는 경우도 있을 것이다.

여러분은 분명 걸려 넘어질 때도 있을 것이다. 실패라는 놈이 먹이를 노리는 포유동물처럼 여러분 몰래 접근해올 것이다. 골다 마이어와 데이브 브라운이 실패한 적이 없다고 생각하는가? 아니다. 그들은 실패한 적이 있을 뿐만 아니라 때로는 굉장히 큰 실패도 하였다. 가장 힘겨운 문제는 오직 여러분 혼자서 감당해야 할지도 모른다. 여러분은 실패했을 경우 책임은 져야 하지만 성공한다면 그 공로를 다른 사람에게 넘겨야 한다. 여러분이 사람들 가슴속 깊숙이 간직되고 잊혀지지 않으며 존경받을 것이라는 환상 따위는 버려라. 사람들이란 정말 오랜 기간 기대만 했지 감사하는 순간은 거의 없을 것이니까.

그러나 누군가가 여러분의 기대를 뛰어넘어 높이 날 수 있음을 기대하라. 그들은 여러분의 꿈에 고무되어 마법을 만들어낼 것이다. 그들은 여러분이 이끌어주기로 선택한 데 대해 감사할 것이다. 그들은 여러분이 말하는 것을 듣고 이해하고 항상 관심을 가지며 행동으로 옮길 것이다. 마찬가지로 여러분 또한 자신의 평생에 가장 훌륭한 과업에 착수하게 될 것이다.

비즈니스 리더십 커뮤니케이션을 향상시킬 방법을 다루는 토론에 우리와 함께 참가하길 희망한다. www.theleadersvoice.biz 사이트에 들어와 여러분의 목소리를 나타내주길 원한다. 책은 가끔 그것이 최후 결정판인 것처럼 예고되지만 웹 사이트는 언제든 항상 갱신될 수 있음을 약속드린다. 우리는 이 양쪽 모두를 제공한다. 우리는 탐험하고 창조하는 일을 진실로 사랑한다. 우리에게 말하고 도전하라. 우리를 가르쳐라.

CHAPTER

2

HARDWIRED FOR FACTS, EMOTIONS, AND SYMBOLS

사실, 감정, 상징의 배선 결합

感정이 없는 이성이란 불가능하다

아리스토텔레스는 플라톤 밑에서 공부하였고 알렉산더 대왕을 가르쳤다. 현대의 과학적 발견들이 그의 자연과학 관찰들을 대신하게 되었지만, 수사학에 대한 그의 업적-설득의 기술과 시-은 2천 년 이상의 기간 동안 커뮤니케이션 이론의 길잡이가 되어왔다. 아리스토텔레스는 세 가지 종류의 설득력 있는 웅변술을 기술하였다. 변론(forensic)은 증명을 하고자 하는 것이며 '사실(FACTS)' 과 관련된다. 심의(deliberative)는 청중을 움직이거나 억제하고자 하는 것이며 '감정(EMOTIONS)' 과 관련된다. 전례(ceremonial)는 정서를 표시하여 내보여주고자 하는 것이며 '상징(SYMBOLS)' 과 관련된다. 두뇌란 자동차의 라디에이터처럼 심장이 과열되지 않도록 피를 식혀준다고 생각한 점은 틀렸지만, 아리스토텔레스의 수사학으로 일컬어지는 커뮤니케이션에 대한 관찰은 정곡을 찔렀다. 그의 천재성은 현대 신경과학에 비쳐볼 때 더욱 빛을 발한다.

지난 10년 간 과학자들은 그 이전의 200년 간보다 인간 두뇌에 대하여 더 많은 사실들을 알아냈다. 두뇌는 12개 이상의 복잡한 기관으로 이루어져 있으며, 이들이 서로 결합하고 작용하여 기억과 이성을 만들고, 의식을 제공하고, 신체를 규율한다. 커뮤니케이션 관점에서 보면 인간의 두뇌는 사실·감정·상징을 사용하여 보내고 받아들이고 평가하도록 설계되어 있다. 좌뇌/우뇌 모형이나 삼위일체 두뇌 모형은 이러한 보다 복잡한 체계를 가진 완성된 형태로 대체되었다.

수년간 우리는 커뮤니케이션이 사실과 감정 그리고 상징으로 이루어진다는 점을 알고는 있었으나 그 이유를 완전히 이해하지는 못했다. 신경학을 연구하고 나서야 비로소 커뮤니케이션에서 작용하는 두뇌의 기능을 이해하게 되었다. 인간 두뇌가 사실과 감정, 그리고 상징으로서

한데 어우러져 사고하도록 배선적인 결합으로 구성되어 있음을 이해하는 것은 무척이나 중요하다. 리더의 소리란 두뇌가 작용하는 대로 말하는 것에 다름 아니다.

피니어스 효과

피니어스 P. 게이지(Phineas P. Gage)는 1848년에 마음이 바뀌는 경험을 하게 되었다. 그는 러트랜드 & 벌링턴 철도 회사(Rutland & Burlington Railroad)의 젊고 활기 넘치는 건설 반장이었다. 동료들은 그에게 경탄을 보냈고 반원들은 그를 존경했다. 그는 자신에게 요구되는 업무를 지칠 줄 모르는 정력으로 철저히 수행하는 사람이었다.

운명적인 일이 발생할 당시 게이지와 반원들은 버몬트 주 카벤디쉬 근처의 블랙 리버 강변에 있는 우측 도로 철거 작업을 하고 있었다. 특히 위험한 작업을 몸소 담당하고 있던 피니어스는 특수 제작된 철봉을 사용하여 폭파용 폭약을 삽입하는 발파공을 뚫고 있었다. 그 작업은 무엇보다도 집중과 정밀을 요구하는 일이었다.

어느 날인가 피니어스는 작업 도중에 미끄러지게 되었다. 그러자 그의 철봉으로 인해 폭약에 불이 붙어 엄청난 폭발이 일어났다. 폭발로 인해 철봉이 그의 왼쪽 뺨과 왼쪽 눈, 그리고 머리끝을 관통하면서 로켓처럼 허공으로 날아갔다. 철봉은 바람을 가르듯 날아가 수십 야드 이상 멀리 떨어진 곳에 떨어졌다. 폭발로 땅에 내동댕이쳐진 이 젊은이는 너무 놀라서 아무 말도 못하고 있었으나 정신만은 멀쩡했다. 반원들이 곧바로 그를 읍내 의사에게 급히 데려갔는데, 의사는 그가 살아 있음을 보고 놀라움을 금치 못했다. 게이지는 가벼운 감염과 약간의 고열로 고생하였으며 왼쪽 눈을 잃게 되었다. 그러나 두 달도 채 지나지 않아 그는 퇴원할 수 있었다.

그것은 정말 기적이었다.

신체적으로 여전히 건장한 게이지는 충분히 커뮤니케이션을 할 수 있을 것처럼 보였다. 정밀검사 결과 기억 상실을 입지는 않은 것으로 나타났다. 그의 논리 처리는 손상되지 않은 것처럼 보였다. 그러나 오래지 않아 그의 성격이 완전히 변해버렸음을 알게 되었다. 그는 발작적이고 신경질적이며, 좀처럼 참지 못하는 성격에다 고집이 세고 동료들에게 무신경한 사람으로 변해버렸다. 그는 이 계획에서 저 계획으로 오락가락 하기만 하지 결코 어느 것 하나 끝까지 추진해내지 못했다. 그의 감정적인 에너지는 조금만 격해지면 제어하기 힘들었고, 가끔은 통제불능인 것처럼 보였다. 그의 행동들은 딴판으로 변하여 친한 친구들조차 그를 이해하는 데 큰 어려움을 느낄 정도였다. 그는 신체적으로는 여전히 일할 능력을 가지고 있었지만 철도 회사는 급격한 성격 변화를 이유로 그를 해고하지 않을 수 없었다. 그의 '사고 이전'과 '사고 이후'를 아는 친구들은 "게이지는 이미 게이지가 아니다"라고 말하였다. 카우보이에서 역마차 마부, 그리고 서커스 광대에 이르기까지 수많은 직업을 전전하였으나 그 어떤 직업도 오래 지속되지 못하였고, 마침내 그는 38세에 혼수 상태에 빠져 있다 죽었다.

피니어스 게이지가 겪은 사고 경험으로부터 현대적인 두뇌 연구가 시작되었다. 그가 당한 사고는 두뇌가 어떻게 작용하는지에 대하여 중요한 고찰을 제공하였다. 의사들은 그의 행동 변화가 그의 논리 두뇌의

> 커뮤니케이션 행위를 할 때
> 사실과 감정, 그리고 상징을
> 사용하지 않음으로써,
> 많은 리더들은 커뮤니케이션 상대로
> 하여금 의미 있고 수준 높은
> 의사결정을 하도록 고무하고
> 촉진해줄 수 있는 중요한 성분들을
> 무시해버리고 있는 셈이다.

결정적인 부분을 상실한 것에서 기인한다는 사실을 알게 되었다. 바꿔 말하면 논리 두뇌가 더 이상 감정 두뇌와 커뮤니케이션 하지 못하게 되면 행동 변화뿐만 아니라 의사결정 능력까지도 현저하게 떨어진다는 말이다. 피니어스 게이지의 이야기는 과학자들로 하여금 수십 년 간의 과학적인 연구와 정밀한 작업을 통해 몇 가지 근본적인 결론을 내리게 하였다.

대표적인 신경학자 안토니오 다마시오(Antonio Damasio)는 "감정이 없는 이성이란 신경학적으로 볼 때 불가능하다"고 말했다. 그의 저서는 수많은 비과학도들이 두뇌를 이해하는 데 많은 도움을 주었다. 왕성한 활동을 보이고 있는 매사추세츠 공과대학 인지신경과학센터의 스티븐 핑커(Steven Pinker) 소장은 다마시오의 의견에 동의하면서 "감정이란 수용이며, 지능과 조화롭게 작용하도록 잘 설계된 소프트웨어 모듈로서 정신 전체의 기능에 있어 절대 없어서는 안 되는 존재"라고 하였다.

감정이 없는 이성과 마찬가지로 감정이 없는 의사결정이란 신경학적으로 불가능하다. 계속된 두뇌 연구를 통해 우리는 사실이나 감정을 생략하고 최소화시키는 리더십 커뮤니케이션은 커뮤니케이션 그 자체뿐만 아니라 뒤따르는 추가적인 의사결정의 질마저도 떨어뜨린다는 결론을 내리게 되었다. 예를 들면 여러분은 순수하게 논리만으로 또는 순수하게 감정만으로 경영을 하는 사람을 한 사람이라도 알고 있는가? 여러분은 화가 나서 물불을 가리지 못할 때 의사결정을 한 적이 있는가? '사랑에 빠져 바보가 될 때' 의사결정을 한 적이 있는가? "아 내 감정이 잘못되었구나" 하고 머리로써 결정한 적이 있는가? 이와 같은 사람들을 기술적인 전문 용어로는 '뒤죽박죽되다' 라고 표현한다. 어느 누구도 온통 사실만으로 또는 온통 감정만으로 경영하지는 않는다. 두뇌의 이러한 부분들은 서로 배선 결합을 이루고 있다.

커뮤니케이션 두뇌 전엽 절제술

두뇌 전엽 절제술은 1950년대에 이루어졌다. 안구 위로 얼음 송곳을 삽입하여 두뇌 전엽이 있는 이마의 돌출 부위 바로 아래쪽에 타원을 뚫었다. 일단 그곳이 뚫리면 의사들은 두뇌의 한 부분을 파괴시키곤 하였다. 돈을 절약하려고 의사들은 고통을 무디게 하는 데 마취 대신 전기 충격 치료를 사용하였다. 불행하게도 얼음 송곳은 수술 도중에 부러져 나가 가끔 난처한 사태를 일으키곤 했다. 의사들은 부러진 송곳을 제거하기 위한 응급 수술을 피하려고 부러지지 않고 뚫을 수 있는 강하고 날카로운 철봉을 만들어냈다.

듣기에 조금 더 낫지 않았는가?

두뇌 전엽 절제술은 정신 분열증이나 감정이 거칠어지고 행동을 통제할 수 없는 상황 등에 처한 정신병 환자들을 위해 실시한 급진적인 치료 방식이었다. 그러나 두뇌 전엽 절제술은 히스테리나 거친 행동은 줄여주었지만 한편으로는 의도하지 않은 결과를 초래하게 되었다. 환자가 아주 간단한 의사결정마저도 힘들어하거나 아예 의사결정 능력이 제거돼버리는 경우가 일어났다. 이로 인해 「뻐꾸기 둥지로 날아간 새 (One Flew over the Cuckoo's Nest)」의 마지막 장면에 나온 잭 니콜슨처럼 보이는 사람들을 많이 낳게 되었다. 환자는 자신의 생명에 대해 감정적 반응을 거의 보이지 않았다. 어떤 경우에는 너무도 심각한 사태가 발생하였다. 어떤 환자는 배고픔을 강하게 느껴 먹을 것이 필요하다고 분명하게 표현하면서도 전혀 먹겠다는 결정을 내리지 못하곤 했다.

두뇌의 감정적이고 논리적인 부분은 또한 육체 감지 체계와 같은 다른 신경 구성 요소와 함께 상호 작용하여 상징을 만들어낸다. 이것은 복잡한 과정이다. 커뮤니케이션 두뇌 전엽 절제술은 감정·논리·상징이라는 세 가지 경로를 통합하는 두뇌의 능력을 방해하여 의미·지식·의도의 전달을 최소화시켜버린다. 만일 커뮤니케이션에서 사실·감정·상징을 사용하지 않는다면 그 리더는 의미의 전달을 자극하고 증진시키며 의사결정의 질을 높이는 본질적인 요소를 내다버리는 것이다. 의도를 명백하게 가지고 있으나 아무런 감정도 없이 경영자의 입에서 흘러나오는 세상의 사실들이란 어떠한 경영 조건도 바꿀 수가 없다. 커뮤니케이션 두뇌 전엽 절제술은 정상적이고, 열심히 일하며, 동기가 잘 부여된 동료를 변덕스럽고, 무례하며, 성급하고, 고집 세며, 무관심한 사람으로 바꿀 수 있다. 그렇게 되면 우리가 간직하고 있는 상징들을 삶으로부터 고립시키고 질식시키게 되며 따라서 냉소주의를 자극하게 된다.

지금도 수많은 경영자들이 직원들에게 말로 된 얼음 송곳을 사용하고 있다. 실제 수술 도중에 부러져 이마에 박힌 얼음 송곳처럼 종종 경영자들의 말은 근로자의 영혼에 깊이 박혀 있다. 이런 부류의 리더는 조직 구성원들을 파괴하려고만 드는 어설픈 MBA 학위를 가진 절단 수술 간호사나 다름없다. 불쾌하게 들릴지 모르지만 이런 일은 크고 작은 회사에서 다반사로 볼 수 있는 현상이다. 이런 경영자를 가진 근로자들은 의욕을 잃고, 불만족스러워 하며, 낙오하게 되고, 일에 몰입할 수 없어 어영부영하게 된다.

다음 자료를 보면 여러분은 아마 화가 치밀어 속이 뒤집어질지도 모르겠다. 『갤럽 경영 저널(Gallup Management Journal's)』은 2001년도 2차 연례 전국 피고용자 실태 조사에서 피고용자의 55퍼센트가 '바쁘지 않다'라고 응답한 조사 결과를 발표하였다.

그렇다면 나머지 45퍼센트는 '업무에 바쁘다'고 보면 좋은가? 그렇지 못하다. 상황은 훨씬 좋지 않다. 조사 대상 성인 근로자 1,001명 중 무려 19퍼센트가 '실제 전혀 할 일이 없다'라고 응답했다. 갤럽은 이러한 사람들을 직장의 독버섯이라고 묘사하면서 그들이 나타나지 않았다면 사태가 훨씬 더 나아졌을 것이라고 설명한다. 여자가 남자보다 더 많이 바쁘고, 중소기업 직원이 대기업 직원보다 더 바쁘다는 결과도 나와 있다. 전체 표본 중에서 오직 26퍼센트만이 '바쁜' 것으로 나타났다.

전화 인터뷰를 통해 응답자들의 바쁜 정도를 조사하였으며, 특히 자신의 회사 또는 회사 제품을 추천하는지, 잠재 능력을 충분히 발휘하면서 일하고 있다고 믿는지, 그리고 장래에 그 회사와 함께할 계획인지를 물어봄으로써 많은 정보를 얻고자 하였다. 처음에 우리는 갤럽의 조사 결과가 명백히 과장되었으며 정말 우스꽝스럽기까지 하여 거절하려고 생각했다. 그렇게 나쁠 리가 없다! 그러나 우리는 그들의 연구 방법과 측정 기준을 자세히 검토한 후 유감스럽지만 조사 결과를 받아들이지 않을 수 없게 되었다.

커뮤니케이션은 분명 복잡하고 다양한 측면을 지니고 있는 문제이긴 하지만 리더가 사람들의 참여를 끌어내어 바쁘게 만드는 데 있어 가장 중요한 수단이다. 하루하루 리더들은 커뮤니케이션을 통해 비전, 사명, 전략, 가치, 목적, 그리고 목표 속으로 구성원들을 참여시키고 그들을 바쁘게 만들고자 시도한다. 만일 갤럽이 옳다면 대부분의 피고용인들은 방치되어 있으며 바쁘지 않은 상황이다. 앞에서 언급했듯이 우리는 리더십 커뮤니케이션에서 가장 중요한 문제가 이미 저질러져 있는 잘못된 관념이라 생각한다. 리더들은 습관적으로 네 가지 치명적인 가정에 빠져드는 죄 때문에 무릎을 꿇고 만다. 이러한 커뮤니케이션 상의 잘못된 관념들이 리더들과 그들의 추종자들로 하여금 서로를 비난하도록 만든다.

톰 피터스 컴퍼니(tompeterscompany!)가 2002년에 비즈니스 전문가 1,104명을 조사한 결과에 따르면, 커뮤니케이션이 역시 피의자임을 다시 확인할 수 있다. 비즈니스 전문가들은 회사 임원들 가운데 86퍼센트가 스스로는 커뮤니케이션을 매우 잘하고 있다고 믿고 있지만 실제로는 정작 17퍼센트만이 효과적인 커뮤니케이션을 하고 있다고 생각하는 것으로 드러났다.

갤럽의 「가장 먼저 모든 규칙을 파괴하라(First, Break All the Rules)」로부터 얻은 추가 자료를 보면, 근로자의 71퍼센트가 직전의 직장을 그만둔 첫번째 이유로 상사와의 어려움을 들고 있음을 알 수 있다.

2001년에는 버지니아 주 스털링에 있는 서플리그룹이 기술과 전문

서비스 회사 7개사를 퇴직한 피고용자 2천 명을 대상으로 조사를 실시하였다. 인터뷰 조사 결과 이들이 회사를 그만둔 주요 이유는 상사 때문이었으며, 상사에게 가장 부족한 점은 바로 커뮤니케이션 능력이었음을 보여주었다.

불행하게도 이러한 자료는 뉴스 속보가 되지 못한다. 우리는 방치된 채 바쁜 일이라곤 없는 근로자와 리더 상호 간의 커뮤니케이션 능력 사이의 상관 관계를 주기적으로 조사해왔다. 리더십 커뮤니케이션에서의 공백이 현실 세계의 실제 균열임을 맨 처음 보여준 것은 1986년으로 거슬러 올라간다. 루 해리스(Lou Harris)와 그의 동료들이 '로스앤젤레스 타임스 미러(Los Angeles Times Mirror)'와 함께 진행한 미국 대기업의 고위 임원 264명과의 인터뷰는 「전략적 비전(Strategic Vision)」이라는 제목의 보고서를 통해 다음과 같은 결과를 상세히 보여주었다. 자신이 얼마나 효과적으로 비전을 조직에 커뮤니케이션하고 있는지 각자에게 평가해보라고 한 설문 결과는 다음과 같다.

매우 효과적으로 하고 있다	47%
약간 효과적으로 하고 있다	46%
별로 효과적으로 하지 못한다	4%
전혀 효과적으로 하지 못한다	1%
잘 모르겠다	2%

계속해서 우리는 같은 회사의 일선 관리자와 감독자들과의 인터뷰를 통해 "여러분의 고위 임원들이 회사의 비전을 얼마나 효과적으로 커

뮤니케이션하고 있는가?'라고 질문하였다. 조사 결과는 다음과 같다.

매우 효과적으로 하고 있다	8%
약간 효과적으로 하고 있다	21%
별로 효과적으로 하지 못한다	32%
전혀 효과적으로 하지 못한다	38%
잘 모르겠다	1%

　　조직 심리학자 필립 H. 미르비스(Philip H. Mirvis)와 도널드 L. 캔터 (Donald L. Kanter) 교수는 1989년에 『냉소적인 미국인들 : 불만과 환멸의 시대에서의 삶과 일(The Cynical Americans : Living and Working in an Age of Discontent and Disillusion)』이란 저서를 출판하였다. 이 책에서는 전국적으로 649명의 근로자를 조사한 결과, 그들의 43퍼센트와 관리자와 감독자의 40퍼센트가 냉소적이었다고 분류하고 있다. 그리고 그들은 14퍼센트만이 관심을 갖고서 세심히 일을 처리하고 있고, 38퍼센트만이 자기 일에 행복해 하고 있다고 규정했다. 그 후 그들은 냉소주의가 1990년 대 중반에 이르면 43퍼센트에서 48퍼센트까지 상승했다고 보고하였다.

　　지난 15년 동안 상황은 더욱 더 악화되고 있다. 헨리 플라워(Henry Flower)와 비슷한 피고용자들이 수도 없이 늘어나고 있다. 하루는 마케팅 담당 임원이 재능 있는 디자이너인 헨리에게 그의 경력 기술서를 수정해달라고 요청하였다. 우리가 이 죄 없는 자(그리고 그의 직업)를 보호하기 위하여 헨리의 이름과 그의 회사 이름을 가명으로 하고는 있지만, 다음 내용은 그가 직접 쓴 것이다. 그리고 이것은 분명히 실화이다.

바쁘지 않은 헨리

헨리 플라워는 클리블랜드 예술대학 졸업생으로 인테리어 디자인 학사 학위를 가지고 있었다. 졸업하자마자 그는 오하이오 주 컬럼버스에 있는 소매업포럼협회(Retail Forum Associates)에 취직하였다. 거기서 그는 호랑이, 챔피언, 에이스, 대장, 그리고 불같은 정열 등등의 별명을 얻을 정도로 오랫동안 열심히 일하였다. 그러나 여러 명의 상사가 바뀌었지만 어떤 상사도 그의 이름을 제대로 기억조차 하지 못했다. 지난 3년 동안 연장 근로와 일종의 보상 심리를 위해서 혹사만 당했다고 깨달은 그는 직장 생활이 보다 멋있고 즐거우리라 여겨지는 세계로 이직을 하게 되었다. 이렇게 해서 AT&T GIS에서의 그의 경력이 시작되었다. 그곳은 끝없는 머리글자의 나열만 있을 뿐 규칙이나 규정 따위는 신경 쓸 필요가 없고, 그 누구에게도 책임을 지지 않는 자극적이고 화려한 세계였다. 그런데 그 회사는 분사하여 이전의 NCR로 되돌아가게 되었다. NCR이 역기능을 하는 모든 체계를 그대로 유지하는 동안 고객들에게 비효율적이고 둔감할 것이 확실해졌다. 마침내 헨리는 밑바닥 위치에서 돕기만 했지 얻어터지고 속기만 한 스케치 소년을 혹시 누가 필요로 하는지 찾아보기로 결심하였다. 헨리가 프레드 젠킨스 디자인 회사로 옮겨간 것은 1998년 1월이었다. 말 그대로 남은 것이라곤 손재주 장인의 평범함뿐이었다.

헨리는 창조적인 착상을 불러일으키기 위해 자주 과도한 양의 마리화나를 사용하고 있었다. 단지나 치바, 갠자, 잡초, 매리 제인, 브로콜리, 녹색 끈끈이 등 서로 다른 다양한 이름으로 알려져 있어도 그에게는 항상 마리화나였을 뿐이다. 헨리는 수많은 프로젝트를 통해 작업을 계속하고 있으나, 곧 이 모든 것은 한 무더기의 산산이 부서진 정신과 영혼이 없는 죽음만으로 남을 것이다. 그는 경영학 학위를 가졌어야 했다고 그저 후회만 하고 있다.

실화이다! 실제 경력서이다! 그리고 그는 이를 마케팅 임원에게 제출했다. 그 마케팅 임원은 어느 한 부분을 대폭 수정하였고, 헨리는 오늘도 여전히 땀을 흘리고 있다. 헨리를 비롯하여 그 밖의 방치된 채 바쁘지 않은 동료들에 대한 충고는 이쯤에서 끝내야 한다. 그리고 여러분의 의미 없는 업무로 인해 다른 사람을 비난하는 행위 따위도 이쯤에서 끝내야 한다. 그리고 우리는 훌륭히 일하고 싶어하는 재능에 넘치는 구성원들을 바쁘게 만들지 못한 책임은 서투르고 주변머리 없으며 무미건조한 리더들에게 물어야 한다고 충고한다.

도대체 어찌하여 사태가 이 지경에 이르렀는가? 그 해답은 커뮤니케이션을 초월하여 직장 내에서의 복잡한 사회적인 힘을 포함하고 있다.

다음 두 가지 이야기를 보면 충분치 못한 커뮤니케이션으로 인해 구성원들이 어떻게 방치되며 바쁘지 않게 되는지를 잘 알 수 있을 것이다.

빈칸 채우기

장면 1 : 시작을 알리는 팡파레가 몇 차례 울리자 회의가 시작된다. 자극적인 음악과 함께 짤막한 환영 인사가 있은 다음 핵심 임원이 박수 갈채 속에 소개된다. 그녀는 멋진 농담을 건네며 웃음을 이끌어낸다. 웃음이 가라앉자 조명이 희미해지면서 프로젝터가 빔을 쏜다. 여러분은 감동적인 파워포인트 프레젠테이션을 기대하면서 의자에 등을 기댄다. 그녀는 내년도 회사의 비전을 제시한다. 그러나 여러분은 발표자를 주목하는 대신에 프로젝션 스크린 위에 암청색 또는 자색과 노란 색깔로 빛나고 있는 텍스트 자료에 빠져든다.

여러분의 눈을 졸리게 만드는 것은 사실로 가득한 다양한 색깔의 차트와 그래프로 된 방대한 통계뿐만이 아니다. 정치적으로 옳고, 법률적으로 하자가 없으며, 감정적으로도 지극히 평탄하게끔 용의주도하게 작성된 텍스트 자료들 또한 졸리게 만들기는 마찬가지이다. 여러분은 발표자가 메시지보다는 슬라이드 작성에 더 열성을 기울였음을 깨닫게 된다. 파워포인트의 벨 소리와 휘파람 소리를 못내 신기해 했던 그녀는 자신이 줄 수 없는 감동을 파워포인트 기술이 불러일으켜주기를 희망하며 EBITDA(세금 및 감가상각비 공제전이익)를 강조하기 위해 프로그램에 내장된 금전 등록기의 소리를 사용한다. 그 결과 정작 메시지는 어디로 갔는지 알 수 없게 되고, 그럴듯한 기술에 매료된 빌어먹을 파워포인트 신봉자가 한 사람 늘어날 뿐이다.

발표가 그렇게 끝나고, 여러분은 체념하는 심정으로 발표된 슬라이드 자료가 아무런 주석도 없이 실려 있는 유인물 자료를 읽는다. 질문이 있으면 해달라는 발표자의 요청이 있은 직후 어색한 침묵이 흐르는 동안 여러분은 질문이 있음을 깨달았지만 굳이 물어보고 싶을 정도의 관심이 생기지 않는다. 무엇보다도 가장 혼란스러운 것은 그녀의 메시지가 무엇이었는지 여전히 여러분에게는 명확하지가 않다는 점이다. 여러분은 비전 선언문을 기억하지만 정작 비전은 알지 못하고 있다. 여러분은 사실을 기억하지만 회사의 목표에 대해서는 혼돈이 일어난다. 이제 발표자인 그 리더는 결론을 맺고 정중한 박수 갈채를 받는다. 이어지는 칵테일 파티 도중에 그녀는 의무감에서 쏟아내는 것이나 다름없는 찬사(지금까지의 프레젠테이션 가운데 최고였다는 찬사)를 여기저기로부터 받는다.

문제는…… 실제로 그러했느냐는 점이다.

장면 2: 관람석 불빛이 희미해져가고 올림픽 나팔 소리가 떠들썩하게 들린다. 인류와 여러분의 부서가 이룩한 성과를 밝게 비추고 고무시키는 비디오가 상영되기 시작한다. 여러분의 어깨는 우쭐해지고 가슴은 벅차오른다. 가장 냉소적인 청중들마저도 자랑스러움을 느낄 정도이다. 중역이 무대에서 큰 박수를 유도한다. 이번에는 슬라이드나 노트북 컴퓨터와 같은 것들은 전혀 없다. 중역은 역동적이고 진실이 담긴 목소리로 엄청난 실적을 기록한 판매 사원의 놀라운 성공담을 들려준다.

> 상세한 자료 자체는
> 무색의 휘발성 마취제처럼
> 사람을 졸게 만든다.
> 재치와 기지가
> 번뜩이는 이야기
> 자체는 질소 산화물처럼
> 우리들의 사고를
> 질식시킨다.

환영식으로서의 가치는 높으나 내용으로서의 가치는 낮다. 여러분은 긴장과 흥분의 느낌을 갖지만 여전히 여러분의 회사를 위해서 결정적으로 요구되는 행동이 무엇인지는 알지 못한다. 여러분은 사가(社歌) 또는 그와 비슷한 가락이라도 흥얼거리며 부를 수 있다. 그러나 이번에도 여러분은 회사의 비전을 정말로 모른다.

사람은 사실과 감정, 그리고 상징을 이용하여 정보를 처리하기 때문에 위에서 예로 든 리더들은 두 사람 다 실패한다. 상세한 자료 자체만으로는 마치 무색의 휘발성 마취제처럼 사람을 졸게 만든다. 재치나 기지가 번뜩이는 이야기 자체만으로는 질소 산화물처럼 우리들의 사고를 질식시킨다. 리더들이 사실만을 전할 때 구성원들은 감정적이고 상징적인 빈칸을 자기들 멋대로 채운다. 다른 경로도 이와 마찬가지이다. 우리는 항상 빈칸을 스스로 채운다. 여러분의 두뇌가 이렇게 작용한다는 점을 반드시 기억하라. 리더들이 남겨놓은 빈칸을 구성원들이 알아서 채울 때 그들은 리더들이 보낸 것과는 전혀 다른 메시지를 구축해낸다. 완전하게 커뮤니케이션하였다고 믿고 있는 리더들은 이제 치명적인 가정의 덫에 빠지게 된다. 결과는 다음 네 가지 중 하나다. 즉 이해가 부족하거나, 동의가 결여되거나, 주의를 기울이지 않거나, 또는 적절한 행동이 이루어지지 않는다.

우리는 왜 어떤 리더들은 천성적으로 훌륭하게 커뮤니케이션을 하는가에 궁금증을 갖게 되었고, 수년 전부터 아마추어 조직 인류학자로서 이 주제를 가지고 연구하기 시작했다. 그리고 이후 우리는 리더들에게 어떻게 하면 효과적으로 커뮤니케이션을 할 수 있는가를 가르친다면 적지 않은 돈벌이도 가능할 수 있겠다고 생각하였다. 그런데 무엇이 작용하는지를 알고 나서도 우리는 '왜' 그렇게 작용하는지를 알지 않으면 안 되었다. 이 장은 바로 이 '왜'에 관한 것이다.

데모스테네스는 그리스의 황금 시대에 살았던 위대한 웅변가였다. 그러나 그가 웅변술에 있어 선천적으로 재능을 타고난 것은 아니었다. 그의 첫 연설은 당혹스럽기 짝이 없었고 참담한 실패로 끝났다. 그는 자신의 기술을 완벽하게 연마하려고 머리를 반쯤 깎아 밀고서는 동굴로 숨어들어갔다. 그의 시대에는 반쯤 깎은 머리가 공개적인 절대 금지 사항이었다. 그는 자신이 필사적으로 말해야만 하는 것이 무엇인지를 묵상하기 위하여 자신을 사회로부터 격리시켰던 것이다. 그는 자신의 열정, 자신의 정체감, 커뮤니케이션을 해야 하는 이유를 찾아내기 위하여 온갖 노력을 기울였다. 그는 그리스 유권자들이 진정으로 가치를 두는 것이 무엇이며, 그들에게 가장 널리 통용되는 언어가 무엇인지를 숙고하였다.

그런 다음 데모스테네스는 그의 가슴으로 말하는 법을 연습하였다. 그가 다시 나타나자 세상에서 가장 혹독한 비평가들조차도 그에게 감탄을 보냈다. 그의 이름은 2천 년 이상 웅변술과 함께 전해지고 있다.

계속 읽으시거나 가서 머리를 깎으시라.

CHAPTER

3

HOW TNT FOUND DRAMA

TNT는 어떻게 드라마를 찾았나

*TNT*는 생각하고 느끼게 만드는 100퍼센트
드라마 연예 채널로 자리 매김할 필요가 있었다

TNT는 케이블 텔레비전의 위대한 성공 사례의 하나이다. 1988년에 테드 터너(Ted Turner)가 설립하고 2년도 채 되지 않아서 시청자 수를 1천7백만에서 5천만 이상으로 증가시켰다. TNT는 초기에 애틀랜타에 본사를 두었는데, 이 방송망은 MGM 영화도서관으로부터 대출한 서부 영화와 고전 영화로 널리 알려지게 되었다. 후에 터너는 이 MGM을 사들였다.

방송망이 커지자 월드 챔피언십 레슬링(WCW), 프로 미식축구리그 (NFL), 미 프로농구(NBA), 그리고 동계 올림픽을 프로그램에 추가시켰다. 그리고 원작 영화의 상영이 프로그램 편성의 중심이 되었다. 「게티즈버그(Gettysburg)」, 「앤더슨 빌(Andersonville)」, 그리고 「조지 월라스 (George Wallace)」 같은 역사 드라마는 높은 시청률 순위를 차지했고 비평가들로부터도 호평을 받았다. 1990년대 내내 TNT는 계속적으로 케이블의 최상급 프로그램들을 내보냈다. 1996년에 TNT는 NFL과 NBA 그리고 WCW의 위력에 힘입어 황금 시간대의 최고 시청률을 기록하였고, 기본 케이블에서 상위 10대 영화 속에 4개 영화를 진입시키는 기록도 세웠다. TNT는 텔레비전에서 '가장 좋은 영화 스튜디오'라고 광고하였지만 내부적으로는 다음과 같이 자신의 위치를 명확하게 밝혔다.

TNT는 질을 추구하는 텔레비전을 찾는 상류층 성인 부부와 그 가족을 위한다. TNT는 다양한 일류 스포츠와 오락 프로그램을 제공하는 기본 유선 방송망의 선두이다.

TNT는 1998년에 회사 설립 10주년을 지나면서 계속 지배적인 위치를 유지했다. 전미 자동차경주대회(NASCAR), 남자 프로골프(PGA), 그리고 테니스에서 윔블던(Wimbledon)을 따냈다. TNT를 통해서 타이거 우즈, 비너스 윌리엄스, 존 스탁턴 그리고 다른 유명 스포츠 스타들을 볼 수 있었다. TNT의 원작 영화는 시청률 상위를 차지하여 재방송이 불티났으며 할리우드 스타들이 운집했다. 1999년에 TNT는 기본 케이블에서 원작 영화의 상위 5개 중 4개를 휩쓸었다. 2000년에는 TNT의 「뉘른베르크(Nuremberg)」와 「러닝 메이트(Running Mates)」가 원작 영화에서 공동 1위를 기록하였다.

케이블이나 위성 텔레비전을 시청하는 미국 가정의 97퍼센트인 8천만 가구 이상이 TNT를 본다. 달리 말하면 여러분이 케이블 텔레비전에 가입하면 TNT에 가입하는 것이나 마찬가지이다. TNT는 케이블 시청료와 광고료 수입으로 실질적인 이익을 창출하였다.

놀라운 성공에도 불구하고 TNT의 경영진은 그들이 변해야 하며, 그것도 빨리 변해야 함을 깨달았다. 1988년에 몇 개에 불과하던 케이블 텔레비전 채널이 2000년에는 수백 개로 급격하게 증가하면서, TNT는 브랜드 파워가 점차 줄어들고 있는 일반 다중방송으로 자신들이 자리 매김되고 있음을 발견하게 되었다. TNT는 상대방을 강타하는 WCW의 헐크 호건에서부터 사랑에 빠지는 「잉글리쉬 페이션트(The English Patient)」의 줄리엣 비노쉬까지 모든 것을 방송하고 있었다. TNT의 마케팅 담당자와 프로그램 편성자들은 다양성 가운데서 포커스를 잃지 않으려고 고심하게 되었다. TNT의 마케팅 담당 수석 부사장인 스콧 사폰(Scot Safon)은 "TV 사업에서 포커스는 'F' 라는 글자이다. 이는 (학점처럼) 여러분의 호소를 신중하게 제한하고 있음을 뜻한다"라고 말했다.

THE LEADER'S VOICE

TNT 포커스 그룹의 펜슬 드로잉

　시청률 순위는 여전히 높았으나 시청자들이 TNT로부터 무엇을 기대해야 할지 점차 알 수 없게 되어가고 있었다. 반면에 시청자들은 Lifetime(여성), ESPN(스포츠), MTV(음악)를 비롯한 여타 TNT 경쟁사들의 브랜드는 구별해냈다. 조사 포커스 집단에 참가한 성인 시청자들이 그려놓은 일부 낙서들은 최악의 상황을 우려하는 경영진의 생각이 틀린 것이 아님을 확인시켜주었다. 즉, TNT는 '차별화할 수 있는 특정한 무엇' 보다는 '이것저것 모든 것' 이라는 이미지로 인식되고 있었다.

　　"시청자들은 TNT로부터 무엇을 기대해야 하는지를 모른다."

　TNT의 부사장이자 총 감독인 스티브 쿠닌(Steve Koonin)은 이 상황을 "다른 방송사들이 부분들의 총체로 알려져 있는 반면에 우리는 단지 부분들로만 알려져 있었다" 라고 설명하였다. TNT는 200개의 새로운 텔레비전 브랜드 세계에서 차별성이 부족했던 것이다. 그렇다. 200개의 텔레비전 브랜드 모두가 여러분의 눈, 여러분의 충성도, 여러분의 시간, 그리고 광고주의 돈을 붙잡으려고 치열하게 경쟁하고 있었다!

브래들리 J. 시겔(Bradley J. Siegel)은 터너 방송(Turner Broadcasting)의 오락 네트워크 전체를 살펴본 다음 TNT의 브랜드 주도력을 끌어내기 위해 2000년 2월 쿠닌을 채용하였다. 시겔은 수년간 쿠닌과 친구로 지내왔고 코카콜라(Coca-Cola)에서의 그의 업적에 경탄하고 있었다. 감칠 맛 나는 유머와 두운을 좋아하는 것으로 잘 알려진 쿠닌은 즉시 '3P'를 권유하였다. 그는 "우리는 네트워크를 자리 매김하고(POSITION), 자리 매김에 따라 프로그램을 만들고(PROGRAM), 자리 매김과 프로그램 한 것을 흥행시켜야(PROMOTE) 한다"고 말하였다.

쿠닌은 리더로서 엄청나게 몰아치는 폭풍우 속에서 10억 달러 짜리 거대한 배의 방향타를 돌려야만 했다. TNT는 역사상 최악의 불황을 기록한 미디어 시장에서 가장 먼저 브랜드 주도력을 취하기 시작했다. 동시에 TNT와 터너 방송은 타임워너(Time Warner)의 잔여 부문과 함께 AOL에 합병되었다. 광고 매출이 줄고, 예산이 깎이고, 해고가 요구되었다. 2001년 초 수개월간 테크우드 드라이브 가 1050번지에 있는 TNT 본사의 복도에는 초조함으로 가득 찬 질문들이 휘몰아쳤다. "당신의 프로젝트는 도중하차인가?" "당신은 누구누구가 쫓겨난다는 얘기를 들었나?" "우리 사무실이 뉴욕으로 옮겨가나?" 그리고 터너 방송의 고위 임원 전체가 브랜드 주도력을 실행하는 와중에 이리저리 재편되어갔다.

그러자 쿠닌은 이러한 과정을 계획하기 위해 자기 주위에 전문가들을 끌어 모아 환상적인 팀을 만들었다. 몇몇 사람을 예로 들면, 마케팅에 스콧 사폰, 브랜딩에 제니퍼 도리안(Jennifer Dorian), 홍보에 카렌 카셀 (Karen Cassell), 마케팅 조사에 존 마크(Jon Marks), 방송 창작에 마이클 보 자(Michael Borza)와 론 코브(Ron Korb), 그리고 프로그램 담당에 켄 쉬업 (Ken Schwab) 등등이다.

TNT 팀은 조사를 하고, 경쟁력을 분석하고, 고객과 동료의 말에 귀 를 기울였다. 그들은 TNT로부터 물려받은 것을 반영하는 브랜드로 자 리 매김을 해야 한다는 가설을 세웠다. 그리고 그들은 '소파에 퍼지게 앉아 쉴새없이 감자 스낵을 입에 넣는 텔레비전 광' 대 '이것저것 아는 척 시비 떠는 지식인' 들의 특성 등등에 전문가가 되어갔다. 곧 그들은 네트워크의 특성들과 인지도, 그리고 시청자 세그먼트를 엄밀하게 연 구해 들어갔다.

브랜드 주도력의 마케팅 조사 단계에서부터 쿠닌과 그의 팀은 전체 스태프들을 포함시키는 독특하면서도 모두가 환영하는 방식을 밟아 나 갔다. 그는 "마케팅 조사를 모든 사람들과 공유하면서도 이해하기 쉽도 록 만들었다" 라고 말했다.

몇 개월의 조사 과정을 거치면서 네트워크가 어떤 새로운 자리 매김 을 가져야 하는지를 밝혀주는 사실들이 나타나기 시작했다. 마케팅 조 사가 공유되고 있었기 때문에 TNT가 '생각하고 느끼게 만드는 100퍼 센트 드라마 연예' 로 자리 매김하는 것이 필요함을 모두가 명백하게 알 수 있었다. 공개 발표된 첫번째 작업 개념은 '드라마 클럽' 이었다. 드 라마 클럽은 TNT에게 시청자 수와 시청률에서 가장 강력한 시청자 층 과 가장 큰 성장 기대를 제시하였다. 사실이 커뮤니케이션된 직후에 사 람들이 오로지 자기 자신의 감정적이고 상징적인 여과기를 통해 그 사

"고기(알맹이)와 감자(곁들임)" 성장 전략

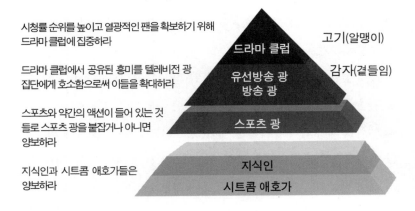

시청률 순위를 높이고 열광적인 팬을 확보하기 위해
드라마 클럽에 집중하라

드라마 클럽

고기(알맹이)

드라마 클럽에서 공유된 흥미를 텔레비전 광
집단에게 호소함으로써 이들을 확대하라

유선방송 광
방송 광

감자(곁들임)

스포츠와 약간의 액션이 들어 있는 것
들로 스포츠 광을 붙잡거나 아니면
양보하라

스포츠 광

지식인과 시트콤 애호가들은
양보하라

지식인
시트콤 애호가

실을 해석해버려 커뮤니케이션이 공격받기 쉬운 순간은 항상 존재한
다. TNT에서도 이 순간은 "만일 드라마가 지루하다면?", "드라마로는
너무 제한적이지 않는가?", "드라마야말로 정말이지 지식인 취향일 수
도 있다", "드라마가 명화 극장 같다", "이봐, 우리는 PBS 방송사가 아니
야!"와 같은 질문과 관심의 형태로 나타났다.

구성원들에게 오직 사실들만 전달하는 것은 환자에게 처방전만 주
는 것과 같다. 쿠닌은 동료들이 자기와 똑같은 방식으로 사실을 '이해
하고', 사실에 대한 자기의 해석에 '동의하고', 자신이 걱정한 것을 '걱
정하고', 자신의 행동과 비슷하게 '행동' 할 것이라고 간주하였을 법도
하였다. 그러나 스티브 쿠닌은 여러 말 필요 없이 리더스 보이스의 법
칙을 믿었다. 우리가 이를 사실과 감정, 그리고 상징이라고 부르는 반
면에, 그는 이를 '조사' · '재미' · '유머' · '비전', 그리고 '반복' 이라고

자식인(15%)
명확한 취향을 지닌 가장 부유한 성인들이다. 뉴스, 영화, 다큐멘터리를 좋아하지만 TV 보는 시간은 많지 않다. 주당 평균 16시간 시청한다.

드라마 클럽(20%)
영화와 드라마를 선호하고 시트콤을 싫어하는 부유한 성인들이다. 생각하게 만들고 감정에 젖게 만드는 TV를 좋아한다. 평균 주당 24시간을 시청한다.

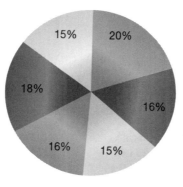

공중파 방송 감자(18%)
방송 네트워크를 첫째로 그리고 매우 자주 트는 주된 시청자들이다. 평균 주당 24시간을 시청한다.

유선 방송 감자(16%)
유선 방송을 첫째로 그리고 매우 자주 트는 다양한 취향을 가진 젊은 시청자들이다. 평균 주당 31시간을 시청한다.

시트콤 애호가(16%)
대부분 젊은 전문직 여성들이다. 시트콤을 좋아하고 방송 네트워크에 호의적이다. 평균 주당 20시간을 시청한다.

스포츠 광(15%)
활동적인 라이프 스타일을 가진 미혼의 젊은 남성들이 대부분이다. 주로 스포츠를 보기 위해 TV를 시청하며 유선 방송 프로그램을 곁들인다. 평균 주당 21시간을 시청한다.

불렀다.

　TNT는 '드라마 클럽'에 자신의 감정적이고 상징적인 각인을 찍기 위해 2000년 9월 27일 플로리다 주의 보카 레이턴 리조트 앤드 클럽에서 200명의 임직원을 모아놓고 회사 토론회를 준비하였다. 이것은 매우 중요한 순간이었다. "여러분의 동료가 그것을 받아들이지 않는다면 여러분은 그것을 버려야 한다"라고 TNT의 브랜딩 분야의 전도사격인 제니퍼 도리안은 강조했다.

구성원들이 커뮤니케이션을 하고 브랜드 아이덴티티를 도입할 수 있도록 하기 위해 쿠닌은 지휘자 보리스 브로트(Boris Brott)를 채용하였다. 목적은 음악을 통해 함께 연주하는 것이 얼마나 중요한지를 알리기 위해서였다.

브로트는 대가만이 받을 수 있는 존경과 권위를 가지고 동료들에게 "우리는 동일한 악보를 가져야만 조화롭게 연주할 수 있다"라고 말했다. 그는 베토벤이 완벽을 위해 얼마나 노력했는가를 들려주며 비즈니스도 이와 마찬가지임을 이해하도록 유도하고, 루트비히의 경력을 들먹이며 그의 음악을 연주하였다. 그리고 나서 TNT의 전체 스태프들에게 단음 실로폰과 비슷한 도구인 음조 막대로 '환희의 송가' 를 연주하도록 가르쳤다.

여러분은 200명의 사람들이 짧은 시간에 동일한 노래를 서로 조화롭게 연주하는 아름다운 소리를 들어보았는가? 쿠닌은 "그것은 기쁨이 가득한 통합의 순간이었다"라고 말하였다. 그 모임은 TNT의 리더들이 TNT의 새로운 브랜드 포지셔닝과 이것의 드라마 요소를 명확히 밝히는 한 장의 악보를 적어 내면서 끝났다. 모든 직원들이 그들이 연주해야 하는 브랜드 가락이 무엇인지 이해하면서 애틀랜타의 본사로 되돌아왔다.

그 메시지는 강력하고 분명했다. "나는 지휘자이고 우리 모두는 동일한 악보를 함께 연주하는 것이 필요하다"라고 쿠닌은 말하였다. '여러분이 생각하고 느끼게 만들' 드라마를 동료들이 찾을 수 있도록 하는 특성들이 이 노래 악보에 열거되어 있었다.

TNT 특성

TNT는 ( )하지 않다:	TNT는 ( )하다:	TNT는 ( )하지 않다:
소년 소녀의 유치한	최신식의	옛날 풍의
생각 없는	의미 있는	엘리트적인
예측할 수 있는	서스펜스한	지루한
사소한	흥미진진한	전개가 느린
피상적인	강력한	자기 중심적인

TNT가 새로운 브랜드를 내놓기에 앞서 거의 10개월 전에 그들은 이미 플로리다 주에서 토론 모임을 가졌다. 이것은 TNT가 끝맺음 말, 새로운 로고, 새로운 광고 캠페인을 하기 전이었다. 쿠닌이 사실적으로, 감정적으로, 그리고 상징적으로 커뮤니케이션을 하였기 때문에 사람들은 새로 출현하는 브랜드에 가장 잘 어울리는 방식과 태도를 취하였다. 예산 삭감이나 해고 그리고 수주하기가 정말 어려운 광고 시장과 같은 불리한 여건임에도 불구하고 애틀랜타로 돌아간 후 10개월 간 모든 사람들이 새로운 브랜드를 그야말로 열정적으로 준비하였다. 아이디어가 흘러나오고, 의사결정이 잘 이루어지고, 창조적인 계획이 살아났다.

아, 여러분은 이런 일이 쉽사리 이루어지리라 바라는가?

레슬링 마니아와 레슬링하기

네트워크의 시청률 1위 쇼는 기본 케이블에서 종종 주간 1위 프로그램의 위치를 차지하는 'WCW 먼데이 니트로(WCW Monday Nitro)'였다.

터너 방송의 월드 챔피언십 레슬링(WCW)에 의해 만들어진 그 쇼는 건장한 체구, 비명을 지르며 환호하는 팬들, 비키니 차림의 댄서들, 그리고 불꽃놀이가 어우러져 대단한 장면을 이룬다. 레슬링은 소년 소녀의 유치하고, 사소하고, 생각 없고, 땀만 내는 240파운드 근육과 연관된 모든 것의 상징이었다. 그러나 네트워크는 그렇게 되려고 하지 않았다. 그리고 TNT의 모든 사람은 이를 알았다!

스콧 사폰은 새로운 브랜드 포지셔닝의 열렬한 팬이었지만 다른 사람들이 느끼고 있는 것을 다음과 같이 표현하였다. "방송 시간표에 WCW를 계속 유지하면서 드라마 브랜드가 될 수 있다고 생각하다니 누구를 놀리고 있나?" 그는 방송 산업의 베테랑으로서 어떤 네트워크도 자사의 1위 쇼를 곧바로 폐지하지는 않는다는 것을 너무나도 잘 알고 있었다.

그런데 TNT는 폐지해버렸다.

스콧은 수정할 수 있는 기회를 마련했다. "레슬링 쇼는 다른 어떤 프로그램보다 시청률이 두 배나 되는 1위 쇼인데 이를 쓰레기처럼 내다 버리다니! 여러분은 시청률 1위 쇼를 폐지한 다른 네트워크가 있다면 말해볼 수 있는가? 우리가 방송 시간표에서 레슬링을 뺐다는 것을 소비자들이 알아차릴지 어떨지는 모르겠지만, 말하자면 이는 스태프들에게 전부였지 않는가."

브랜드 착수일로 2001년 6월 12일 화요일을 선택했다. 모든 사람이 D-Day(드라마의 날)를 기리기 위해 터너의 동굴과 같은 스튜디오 중 한 곳에 모여들었다. TNT의 새로운 로고와 끝맺음 말이 미국에 그 모습을 처음 드러냈다. 새로운 로고를 생방송으로 소개하고 나서 '드라마란 무엇인가?'라는 3분 짜리 광고가 처음으로 연출되었다. 그것은 우피 골드버그, 데니스 하퍼, 조안 앨런을 등장시켜 드라마를 소개하고, 다른 할리우드 스타들도 드라마를 축하해주는 내용이었다. "TNT. 우리는 드라마를 안다"라는 메시지는 분명하고, 단순하고, 눈을 뗄 수 없는 것이었다.

그날 밤에 TNT는 새로운 프로그램과 공중파 패키지, 그리고 드라마 연예를 위한 채널로서의 약속을 내거는 새로운 브랜드를 엿볼 수 있는 3개월 간의 계획을 힘차게 내보내기 시작했다. 1주년이 지나자 그 결과는 놀라운 것이었다. TNT는 드라마를 보고자 켜는 케이블 방송의 1위 채널이 되었고, 핵심적인 시청 인구 통계에서 두자릿수의 성장을 보여주었다. TNT는 가계 소득 7만 5천 달러 이상인 18세 ~ 49세 범위의 부유한 성인층에서 50퍼센트 가까운 성장을 거두었다. 여러분도 잘 알다시피 이러한 시청 인구 통계는 광고주들에게는 황금과 같다. TNT는 드라마틱한 영화의 강력한 라인업 때문에 18세 ~ 49세의 일반 성인층뿐만 아니라 18세 ~ 34세의 청장년층, 그리고 25세 ~ 54세의 노장년층 대부분이 주말 황금 시간대에 가장 많이 시청하면서도 일반 시간대에서도 시청률이 가장 높은 기본 케이블 방송이 되었다.

쿠닌은 브랜드 착수를 준비하던 때와 마찬가지로 리더의 소리를 가지고 커뮤니케이션을 계속해 나갔다. 그는 사실, 시청률 순위, 광고 판매, 그리고 여타 다른 정보들을 정기적이고 규칙적으로 직원들에게 전달하였다. "우리는 다행스럽게도 매일 성적표를 받아볼 수 있는 비즈니스를 하고 있다"라고 그는 말하였다.

새로운 브랜드에 초점을 둔 프로그램 편성국은 「뉴욕 경찰청 사람들

(NYPD Blue)」, 「X-파일(X-File)」, 「판사 에이미(Judging Amy)」, 「법과 질서 (Law & Order)」, 「ER」 등의 드라마와 「에린 브로코비치(Erin Brockovich)」 와 「퍼펙트 스톰(The Perfect Storm)」과 같은 영화를 획득해 나갔다.

구성원들이 새로운 브랜드를 받아들이자마자 창의성이 네트워크를 따라 폭발적으로 넘쳐흘렀다. 쿠닌은 "우리에게 브랜드 만들기는 단지 말만의 캐치프레이즈가 아니라 생활 방식이 되었다"라고 덧붙였다. 이 러한 생활 방식은 다양한 행동을 포함한다. 끼워넣기 광고 방송인 '드 라마란 무엇인가?'에 자극을 받아 TNT의 방송 담당 부서는 "TNT에서 일하는 것이 드라마틱한 까닭은 무엇인가?'에 대하여 직원들이 토론하 도록 하는 짧막한 내부 광고 방송을 새로 만들었다. 대답은 "차량이 넘 쳐나 정작 직원들이 주차할 공간을 찾아 헤매고 다녀야 하는 것"에서부 터 "위대한 사람들과 일하는 것"까지 매우 다양하였다.

드라마는 빌딩 현관이나 작업장을 가리지 않고 회사 모든 곳에 있었 다. 쿠닌은 "사기는 높아갔고 우리의 회의까지도 드라마틱해졌다"라고 말했다. 브랜드의 성공을 가장 잘 측정할 수 있는 방법의 하나는 쿠닌 이 떠보기 위하여 의도적으로 '브랜드와 무관한' 어떤 것을 제안할 때 직원들이 보여주는 반발을 보면 된다.

"우리는 방송 담당 부서 내에서 드라마적 속성을 구분해낼 수 있는 경쟁을 하였다"라고 쿠닌은 말했다. 경쟁을 하여 이긴 사람에게 그 아 이디어의 드라마적 속성을 잘 드러내는 상업적 메시지를 만들 수 있는 기회를 상으로 주게 하였다. 식사에 관한 드라마부터 비행에 관한 드라 마까지 정말 여러 가지 탁월한 아이디어들이 만들어졌다. 그러나 정작 승리한 아이디어는 우는 드라마를 그린 것이었다.

크리넥스(Kleenex)는 TNT 채널에서 매주 방영할 눈물 짜는 영화를 후원하기로 즉시 서명했다. 다른 광고주들도 줄을 섰다. 존슨 앤 존슨(Johnson & Johnson)은 TNT와 공동으로 인간 정신의 승리를 축하하는 원작 텔레비전 영화 시리즈를 만들기로 하였다. 할리우드 영화사들은 자사 영화를 흥행시킬 목적으로 TNT에 돈을 지불하며 '드라마란 무엇인가?' 캠페인에 맥라이언, 휴 잭맨, 그리고 덴젤 워싱턴 같은 스타들을 붙여주었다. 그것은 마샤 스튜어트가 K-마트(K-Mart)에 돈을 지불하며 전단지를 선전하도록 하는 것이나 다름없었다.

TNT는 세 명의 심사원으로 하여금 비공개 작업으로 대상을 선정하여 상을 주는 드라미스(Drammys)라는 시상식을 가장 먼저 구성하였다. 이는 '가장 극적인 순간', '가장 극적인 명사와의 만남', '가장 극적인 이메일'을 선정하여 직원들에게 상을 주는 내부 시상 프로그램이었다. '가장 극적인 만남' 상은 직원 회의 중에 양수가 터진 브랜드 개발 부서의 임산부 부사장에게 돌아갔다. 그녀는 제니퍼 도리안으로 그 사건이 일어난 다음날 딸 클라우디아를 낳았는데, 이제 '드라마 엄마'라 불리고 있다. 스타 탄생이었다. 드라미스는 빅 히트를 쳤고 매년 열기로 했다.

만일 감정으로 커뮤니케이션하는 것이 동료 직원들이 포복졸도하고 팬티에 오줌을 싸는 것으로 측정될 수 있는 일이라면, 쿠닌은 자기의 목적을 이루었다.

TNT의 드라미스는 '드라마 킹'과 '드라마 퀸'의 대관식에서 절정을 이룬다. 그리고 TNT에서 최초의 드라마 킹은 누구였던가?

스콧 사폰이었다.

사폰은 브랜드 주도력을 연구했던 모든 작업을 회상해보면 리더의 소리를 볼 수 있다고 말한다. "모든 것은 사실에 의해 뒷받침되었다. 스티브가 그 위에 감정의 덧칠을 했다. 그리고 상징이 전개되어 나갔다."

스티브 쿠닌에게 사실, 감정, 상징으로 커뮤니케이션하는 것이 TNT 브랜드 주도력의 성공에 얼마나 중요했는지를 물어보라. 그는 평소처럼 드라마틱한 방식으로 딱 한마디 할 것이다.

"크~지!"

4

PEOPLE LOVE FACTS

사람들은 사실을 좋아한다

사실만으로는 결코 설득시키고 자극을 줄 수 없다

사람들은 사실을 좋아한다. 우리는 스포츠 통계, 날씨 자료, 칼로리 계산, 비즈니스 지표, 가스 가격을 되는 대로 머리 속에 넣어두었다가 토해내듯 꺼내어 활용한다. 사실로 활자화된 것에 절어 있는 사람은 잡학 지식 게임을 좋아한다. 청중들은 「누구 백만장자 되고 싶은 사람, 벤 슈타인의 돈을 따가라(Who Wants to Be a Millionaire, Win Ben Stein's Money)」, 아니면 잡학 지식의 오래된 황제 프로그램인 「제오파디(Jeopardy)」를 시청하면서 출연한 경쟁 후보자들과 자신의 능력을 겨뤄 보곤 한다. 투자자들은 숨쉴 틈도 없이 다우와 나스닥, S&P 500의 등락을 추적한다. 우리는 대중 매체를 통해 범죄, 무역 수지 불균형, 꽃가루 수치, 사망자 수, 탈모, 박스 오피스 기록 등등 넘쳐나는 최근의 사실들로 들들 볶인다. 어떤 사람들은 누가 간밤의 경기를 이겼는지조차 전혀 알지 못하는가 하면, 다른 사람들은 그 경기에 참가한 선수 개개인의 중간 이름(middle name), 평균 득점, 통산 리그 순위, 고등학교 마스코트까지도 상세히 안다. 남자들은 어느 임신부를 언급하면서 "6개월쯤 돼"라고 말할지 모르지만, 여자들은 "스물네번째 주의 둘째 날이에요"라고 말할 것이다.

이와 같이 사람마다 서로 다른 사실들을 추적하고 있거나 같은 사실도 서로 다르게 추적하고 있을지는 모르지만, 분명한 점은 우리 모두가 사실적인 경로에 따르도록 맞춰져 있다는 것이다.

인터넷은 하루 온종일, 그리고 일주일 내내 열려 있는 사실의 뷔페이다. 스파이가 됐든 이웃집 어린이가 됐든 둘 다 똑같이 CIA의 멋진 '월드 팩트북(World Factbook)' 온라인 서비스를 A부터 Z까지 마음대로 이용할 수 있다. 오스트리아로 떠나는 사람이면 오스트리아의 면적이

83,858평방킬로미터이고, 북위 47도 20분, 동경 13도 20분에 위치하고 있음을 들어 알 수 있다. CIA는 "오스트리아는 내륙 공화국이고 메인 주보다 약간 작으며, 이탈리아 북쪽 중부 유럽에 있다"라든지 "잠비아는 텍사스 주보다 조금 넓다" 등 비교와 묘사를 통해 그 깊이와 이해를 더해준다.

"PG 84.99, MSFT 60.23, WWF 13.40" 회사 머리글자처럼 보이는 이러한 자료는 자기들끼리 쓰는 단어를 배우고 정황 관계를 알고 나야 비로소 의미를 갖는다. WWF 13.40 자체로는 도대체 무엇을 뜻하는지 전혀 알 길이 없다. 2002년 2월 15일 헐크 호간이 「레슬링 마니아(Wrestle Mania)」에 복귀하여 WWF 주식 가격이 13.40센트 올라갔다는 사실을 알아야만 그 의미를 더할 수 있다. 2001년도 NFL 시즌이었다. 러닝 백 코리 딜런(Corey Dillon)이 정신없이 달리고 있었다. 그 순간 그는 시즌 총 315회 1,435야드의 공을 날랐고, 평균은 4.6야드이었다. 이것은 사실들이다. 그러나 불행히도 그때 신시내티 벵갈스는 지고 있었고, 4쿼터 12분의 경기 종료 3분 전이었다.

이것이 정황(context)이다. 이처럼 사실은 정황이나 해석이 없다면 아무런 의미를 갖지 못한다.

자료의 제단에 대한 경배

통합 품질 관리(TQM)는 비즈니스의 양상을 바꿨다. 데이터베이스화된 의사결정이 제품과 프로세스의 질을 향상시킴과 아울러 이 둘의 원가를 절감시킨다는 점이 입증되었기 때문이다. 그리고 이것은 비즈니스에 종사하는 사람들에게 일을 제대로 측정하는 것의 중요함과 데이터를 모아두는 것의 유용함을 가르쳤다. NCR의 테라데이터(Teradata) 같은 회사들은 거대한 데이터베이스를 제공하여 리더들이 사실들을 쌓아 보관하도록 돕고 있다.

세계는 크고 작은 데이터베이스로 가득 차 있다. 미국 정부는 범죄자들을 식별하여 테러리스트들을 일망타진하는 데 데이터베이스를 이용하고 있다. 월마트(WalMart) 같은 회사들은 수백만 달러를 데이터베이스에 투자하여 모든 구매를 추적한다. 아마존닷컴(Amazon.com)에서 기네스북 한 권을 사보라. 온라인 소매업자의 데이터베이스는 즉시 여러분에게 "이 책을 산 고객들은 『세계 연감과 사실과 편견의 책 : 한 CBS 내부인이 미디어가 뉴스를 어떻게 왜곡하는지를 폭로한다』(버너드 골드버그 지음)도 함께 샀다"라고 알려올 것이다.

'데이터 마이닝(data mining)'은 이전의 체계화되지 않았지만 쌓아서 보관하고 있는 데이터들로부터 유용한 정보들을 추출하게 해준다. 에너지 회사들은 Knowledge Discovery and Data Mining(KDD)을 이용하여 고갈되었다고 간주됐던 유정에서 석유를 새로 찾아내고 있으며, 카지노 업체들은 충동을 못 이기는 도박꾼들을 가려내어 방문해달라는 무료 항공권을 발송하곤 한다.

아인슈타인은 "수단의 완벽함과 목적의 혼란함이 우리 시대의 특징이다"라고 말하였다. 데이터가 산더미처럼 넘치는 이 새로운 세상에서 밥 크래치트가 투입량을 기록하고 에버니저 스크루지가 산출량을 계산하듯 바들바들 떨면서 계산에 매달려보지만, 그 데이터와 일의 의미를 도통 놓쳐버리곤 하는 우리의 자화상을 들여다보라. '데이터 웨어하우징(data warehousing)' 과 데이터 마이닝은 기업의 필수적인 수단이지만, 그러나 이 수단들이 목적을 정의해주지는 않는다.

러시아의 심리학자이며 노벨상 수상자인 이반 파블로프(Ivan Pavlov)는 "사실은 과학에게 공기와 같다. 사실이 없다면 여러분은 결코 비행할 수 없다. 사실의 보관인이 되지 말고, 사실이 일어난 비밀을 꿰뚫어 사실을 지배하는 법칙을 끊임없이 탐구하라" 고 말하였다.

정보의 사실적 형태는 데이터, 측정, 숫자, 추세, 증거, 의견, 합리적 판단, 그리고 수치 분석 등을 포함한다. 사실은 가르치고, 설득하고, 즐겁게 해준다. 그러나 사실은 왜곡되고, 잘못 제시되고, 의심스러운 결론을 지지하기 위해 비논리적으로 사용될 수도 있다. 비즈니스 리더들은 가끔 사실만을 말하고는 다른 사람들도 그와 해석을 동일하게 할 것이라고 가정하곤 한다. 제발 다른 사람들이 해석을 달리할 것이라고 가정하라.

어떤 사실은 진실을 모호하게 한다

세계적인 리서치 회사인 IDC는 3천8백만의 미국인이 온라인을 사용하고 있다고 다른 회사보다는 신중하게 계산하고 있다. 미디어퀘스트(MediaQuest)는 그 숫자를 5천3백만 명이라고 주장한다. 그리고 인텔리퀘스트(IntelliQuest)는 7천3백만 명이라고 발표한다. CIA의 '월드 팩트 북' 은 사용자가 1억 4천8백만 명이라고 밝히고 있다. 이와 같이 서로 맞지 않는 사실을 이용하여 시장 기회를 평가하는 것은 종종 모순어법처럼 여겨지게 한다.

어떤 사실은 믿기 어렵다

　데이비드 센크(David Shenk)는 『데이터 스모그 : 정보 홍수로부터 살아남기(Data Smog : Surviving the Information Glut)』에서 다음과 같이 말했다. "평균적인 미국인은 매일 3천 통의 메시지 보내기의 대상이 된다. 그것은 전화, 이메일, 미팅, 대화를 포함한다." 먼저, 우리는 센크가 데이터를 어떻게 도출하였는지 궁금하였다. 무엇이 미국인의 평균을 구성하는지 평가하는 것은 어려운 작업으로 보였다. 그 다음으로, 우리는 이 사실을 어떻게 조사를 통해 확인할지를 심사숙고하였다. 마지막으로, 우리는 그가 '메시지'를 어떻게 정의하는지를 알고 싶었다. 이러한 모든 것 때문에 우리는 센크의 데이터가 믿기 어렵다는 것을 알게 되었다.

어떤 사실은 틀리다

56K 모뎀의 경우를 예로 들어보자. 첫째, 미국 연방 통신 위원회는 최고 53K의 통화 속도를 의무화한다. 둘째, 53K는 이론적 개념이다. 대부분의 시간에 46K가 실제 개인이 받아들이는 속도의 전부이다. 셋째, 56K는 오직 수신할 경우의 숫자이다. 56K 모뎀은 33K로 송신한다. 유사한 개념이 뮤추얼 펀드의 1년, 5년, 그리고 10년 단위로 공표된 이자율에 적용된다. 아마도 이것이 우리의 401(k)가 이제는 201(k)가 된 이유일 것이다.

어떤 사실은 왜곡된다

작가이자 박사인 조엘 베스트(Joel Best)는 『빌어먹을 거짓말과 통계 : 미디어와 정치인, 그리고 활동가로부터 온 숫자들 풀어내기(Damned Lies and Statistics : Untangling Numbers from the Media, Politicians, and Activists)』라는 책에서 사실의 '변형' 을 잘 보여주고 있다. "1950년 이후 총에 맞아 죽은 미국 어린이의 숫자가 해마다 두 배가 되고 있다"라는 통계에 관한 예를 보자. 어느 박사 학위 지원자가 이 통계를 자기의 주장을 펴기 위해 사용하였고, 자문위원회는 어떤 이의도 제기하지 않고 그 논문을 받아들였다. 그 학생은 베스트가 더 이상 인용하지 말라고 따로 골라놓은 어떤 출처로부터 이러한 '사실' 을 천진난만하게 글자 그대로 옮겨와 인용하였다.

베스트가 그랬듯이 숫자들을 이리저리 따져보자. 만일 10명의 어린이가 1950년에 총에 맞아 죽었다면 1970년에는 그 숫자가 10,485,760명으로 늘었을 것이다. 1973년에는 그 숫자가 83,886,080명으로 껑충 뛰어오르고, 1995년에는 10조 단위에서 반올림하여도 350조의 어린이들이 매년 총에 맞아 죽을 것이라는 계산이 된다.

아동 보호 기금에서 1994년에 보고한 본래의 통계는 "총에 의해 매년 살해된 미국 어린이 숫자는 1950년에 비교하여 두 배로 증가하였다" 이다. 이러한 사실이 우연히 변형되어 천진난만하게 인용되고 불신을 초래한다.

어떤 사실은 겉치장한다

비즈니스 리더들은 가끔 사실을 듣기 좋도록 완곡하게 표현하는 결점이 있다. 『월 스트리트 저널(Wall Street Journal)』은 1995년 기고란을 통해 CEO의 암호를 풀어주고자 하였다.

"우리는 플러스의 결과를 냈다"라는 말은 실제로는 "우리의 손실은 지난해보다 적다"를 의미한다.

"특별 부담금을 계상하기 전에는 실적을 올린 해였다"라는 말은 실제로는 "우리는 말못할 자산가치 축소 조치들을 취했다"를 의미한다.

"그 해는 도전이었다"라는 말은 실제로는 "경쟁사들에게 회사의 이익을 빼앗겼다"를 의미한다.

"우리는 리스트럭처링을 통해 기본으로 되돌아가고 있다"라는 말은 실제로는 "우리는 더 이상 잘못된 권고에 의한 자산 인수를 하지 않고 가장 잘 만든 상품을 팔려고 한다"를 의미한다.

어떤 사실은 다르게 해석될 수 있다

마이클 우드(Michael Wood)는 틴 리서치 회사(Teen Research Unlimited; TRU)의 부사장이다. 마이클은 미국 전역에서 2천 명의 십대 청소년을 연 2회 인터뷰 조사하는 책임을 맡고 있다. 150위 이상의 탑 브랜드 회사에서 이 연구에 출자하는데, 타깃(Target)·프록터 앤 갬블(Procter & Gamble)·카툰 네트워크(Cartoon Network)·켈로그(Kellogg)·폴라로이드(Polaroid)·소니 뮤직(Sony Music)·세가(Sega)·NFL과 같은 브랜드이다. 2년 전 마이클은 십대들에게 백 달러를 가지고 무엇을 할 것인지를 물어보았다. 응답 중 1위는 그 돈을 저축하겠다는 답변이었다. "가장 많은 응답 항목은 놀라운 것이었다. 십대들이 재정적 책임을 느끼고 미래를 위해 계획을 세우고 있다니! 그것은 좋은 일이다"라고 그는 말하였다.

그러나 포커스 그룹에 대한 추가 조사를 해본 결과 진실이 드러나게 되었다. "그들은 자신들의 미래를 대비하기 위해 저축한 것이 아니라, 백 달러 이상이 필요한 어떤 것을 구입하기 위해 저축하고 있는 것으로 나타났다"라고 마이클은 나중에 진상을 설명해주었다. 십대들은 재정적 책임에는 관심이 없었다. 그들은 옷, 최신형 스테레오, 컴퓨터, 그리고 좀더 비싼 물건들을 원하였다.

이처럼 사실은 여러 가지로 해석될 수 있다. "1차 자료(raw data) 상태였기 때문에 우리는 그들이 알뜰하게 저축하고 있는지, 아니면 보다 비싼 어떤 것을 사기 위해 저축하는지를 알 수 없었다"라는 설명을 마이클은 덧붙여야 했다.

어떤 사실은 무시될 수 있다

NBC의 팀 루서트(Tim Russert)는 '미트 더 프레스(Meet the Press)'라는 프로그램에서 폴 오닐(Paul O'Neill) 재무장관과 인터뷰하는 도중에 세금에 관해 질문하면서 그래프를 언급하였다. 오닐은 "아시다시피 사람들은 끊임없이 차트를 만들고 숫자를 가감합니다. 그래프를 이용하면 원하는 어떤 마술도 할 수 있다고 생각합니다"라고 답변하였다. 오닐의 말은 맞다. 그러나 루서트의 질문은 무시되었고, 따라서 그의 프로그램을 본 360만 시청자들도 답변을 듣지 못했다. 오닐 장관은 사실을 속이지는 않았지만 슬쩍 비켜나갔다.

사실 말하기

리더들은 사실에 근거하여 의사결정을 한다. 그들은 구성원들이 사실을 잘 이해하여 주어진 정보가 의사결정 과정에 효과적으로 기여하기를 원한다. 이러한 과정에는 이용 가능한 모든 사실들을 개발하고 체계화하는 것도 한 부분이다. 가장 결정적인 순간은 사실이 아래로부터 위로 또는 위로부터 아래로 커뮤니케이션되어야 할 때이다.

불행하게도 사실이 실패하기보다는 오히려 커뮤니케이션이 종종 실패를 한다. 그렇다. 사실은 진실을 모호하게 할 수 있고, 왜곡될 수 있으며, 다양하고 복잡한 해석을 가져올 수도 있다. 그러나 커뮤니케이션은 가끔 잘못을 저지를 수 있다.

비즈니스 세계에는 전적으로 사실을 이해하고 커뮤니케이션하는 데 종사하는 산업이 있다. 타당성(실행 가능성) 컨설턴트는 모든 사실과 이와 관련된 잘 보이지 않는 부분을 조사한다. 그들이 새로운 다용도 주택 단지나 새로운 레스토랑의 타당성을 조사할 때는 반드시 인구, 평균 가족 구성 수, 수입, 중간 연령, 인종 특성, 경쟁력 있는 비즈니스, 그리고 1인당 원가 등을 연구한다. 그리고 그 목록은 계속 추가된다.

> 사실을 잘 커뮤니케이션하는 것은 훌륭하게 이야기하는 것과 같은 기술이 필요하다

상상할 수 있듯이 이러한 모든 사실에 의미를 부여하고, 이를 간단명료하게 커뮤니케이션하기란 보통 어려운 일이 아니다. 타당성 조사 산업의 기초를 닦은 원조는 해리슨 '버즈' 프라이스(Harrison Buzz Price)이다. 여든 몇 살인 버즈는 여전히 1년에 10개의 보고서를 준비한다. 지

난 22년 동안 그는 해리슨 프라이스 컴퍼니(Harrison Price Company)를 운영해왔다. 그리고 그에 앞서 이코노믹 리서치 어소시에이츠(Economics Reserch Associates)를 설립하였다. 그는 1950년대에 스탠포드 조사 연구소(Stanford Reserch Institute)에서 출발하였다. 그곳에서 그는 처음으로 사실을 커뮤니케이션하는 법을 교수로부터 배웠다. "그는 우리에게 어떻게 하면 두뇌로부터 위대한 그래픽이 튀어나오도록 만들 수 있는가를 가르쳤습니다"라고 버즈는 말했다.

그 비밀은 버즈에 따르면, 위대한 이야기를 하기 위해서 숫자를 사용하는 것이다. "x축과 y축은 커뮤니케이션의 위대한 조율사입니다."

숫자라는 녀석을 이해하기 위해서 버즈가 커뮤니케이션에 대하여 말하는 것을 들어보았는데 정말 재미있었다. 그가 숫자에 대해서 말할 때는 은유가 그의 혀에서 굴러 떨어진다. 그는 숫자를 악보, 살아있는 언어, 경제 지도의 점, 신호로 묘사한다. 그에게 숫자를 이해하는 것이란 경제 지리학과 비슷하다. 사실을 커뮤니케이션하는 것은 여행 중에 사람들과 대화하는 것과 같다.

버즈는 숫자에 관하여 대단한 감정을 갖고서 커뮤니케이션을 한다. "숫자는 저로 하여금 오줌을 눌 필요가 없는데도 한밤중에 벌떡 일어나게 합니다. 일어나서 저는 '아!' 하고 숫자가 의미하는 바를 깨닫곤 하죠." 실제로 버즈는 감정이란 단어는 잘못된 단어라고 말한다. "여러분의 숫자에 열정적이어야 합니다. 여러분은 숫자의 참뜻 속에 있어야 합니다."

우리는 그의 동료 몇 명과 이야기를 나누게 되었고, 다음은 그들이 버즈의 커뮤니케이션 기술에 대하여 말했던 내용이다.

그는 숫자를 애 배듯 마음에 담기 위해 총천연색 영화를 찍곤 했습니다.

그는 혼신의 힘을 기울여 가능한 한 직선이 반듯하도록 화살표를 그립니다.

다른 수많은 타당성 조사자들이 자신들의 작업 내용을 이해하기 어렵게 만들기를 좋아합니다. 그러나 버즈는 그 내용의 핵심으로 곧장 갑니다.

그는 정말 뛰어나게 커뮤니케이션을 합니다. 매우 정확하고 간결하죠.

버즈는 여러 가지 이유로 전설적이라 할 수 있다. 그는 6천 건 이상의 타당성 조사를 하거나 관리하였다. 그는 기억하고 싶은 것보다 몇 배 더 혹평을 듣고, 모욕을 받고, 가르침을 받았다. 80대가 되어서도 아직도 일하고 있다는 오직 그 사실 하나만으로도 충분히 인상적이다. 그러나 버즈는 아마도 그의 첫번째 고객과의 관계로 가장 유명할 것이다.

그는 1955년에 한 '영화쟁이'로부터 전화 한 통을 받았다. 몇 주 후에 그는 애너하임 오렌지 숲 속에 서 있었다. 버즈는 2만 5천 달러를 받고 디즈니랜드 입지 선정을 위해 8주의 말미를 받은 터였다. 그는 처음부터 세 군데 유력 후보지가 떠올랐다고 말하였다. 샌 페르난도 계곡, 포모나 샌 가브리엘 지역, 그리고 계획 구획 I—5 회랑 부근이었다. 버즈는 수많은 차원에서 후보지를 평가하였다. 여러 특성 중에서 그는 온도를 선택하고는 스모그 수준과 지역의 성장 패턴을 분석하였다. 평가 과정의 마지막 단계에서 그는 월트 디즈니(Walt Disney)를 위한 보고서를 작성하였다.

우리가 버즈에게 월트 디즈니와 커뮤니케이션을 한 내용을 말해달라고 조르자 그는 늘 하던 말을 똑같이 되풀이하였다. 즉, 중서부 지역의 소규모 개발업자를 위해 적용한 똑같은 원칙을 월트에게도 적용하였다는 것이다. "나는 숫자의 혼란함을 잘라내고 곧바로 추적에 들어갑니다." 그렇게 해서 월트가 디즈니랜드를 세우는 데 최적의 장소는 애너하임이 되었고 그렇게 커뮤니케이션을 하였다는 것이다.

버즈는 월트와 수년 간 같이 일했으나 월트 디즈니 회사(Walt Disney Company)에 결코 입사하지 않았다. 둘 다 '전략 기획가'는 회사 밖에 있는 것이 가장 좋다는 점을 알았기 때문이다. 그래서 버즈는 디즈니의 경영층으로부터 격리되었다. 그때 그가 월트에게 했던 말은 "만일 내가 고용되어 있다면 당신은 내 말을 들으려 하지 않을 것입니다"라는 것이었다.

월트 디즈니는 해를 거듭하여 큰 성공을 기록했지만 그의 아이디어들 중 일부는 숫자로 뒷받침되지 않아서 보류되었다. 버즈가 연구한 110개 중 일부는 그의 표현을 빌자면 '부정적'이 되었다. 그 중에는 나이아가라 폭포의 매력과 세인트루이스의 실내 공원이 들어 있었다. 버즈는 또한 워싱턴 D.C.와 플로리다 주 팜비치 근처에 월트 디즈니 회사의 제2의 디즈니월드 공원 입지를 조사하기도 했다.

통계가 사실을 확립한다고 말하는 것은 비즈니스에서 순진한 오류이다. 실은 그 반대가 오히려 진실이라는 점을 리더들은 이해할 것으로

우리는 믿는다. 리더들은 목표, 비전, 그리고 의제를 주장하고 이것의
통계적인 가능성을 검토해야 한다. 그렇게 해야 사실을 해석 가능하도
록 정보화하여 의사결정과 커뮤니케이션의 품질을 향상시킬 수 있다.

몇 가지 조언

사실을 잘 말하는 것은 데이터를 되뇌는 것보다 훨씬 어렵다. 훌륭하
게 이야기하는 것과 같은 기술이 필요하다. 다음과 같은 아이디어들은
여러분이 사실적인 경로를 데이터베이스에 단순히 연결하는 것 이상으
로 커뮤니케이션을 하는 데 도움을 줄 것이다.

사실은 지루하지 않지만 여러분은 지루할 수 있다

숫자는 비즈니스 언어이다. 불행하게도 대부분의 리더들이 숫자를 말
할 때 지루해한다. 그룹을 향해 데이터를 큰 소리로, 특히 단조로운 억
양으로 읽어내려가면 청중은 참을 수 없이 지루해 한다. 프레젠테이션
속에 많은 사실의 더미를 배열하거나 또는 써내려가면 청중을 지루하
게 만들 수 있다. 청중은 여러분이 생각을 말하거나 쓰는 것보다 더 빠
른 속도로 읽을 수 있기 때문에 금방 관심을 다른 데로 돌려버린다. 설
상가상으로 여러분이 데이터를 분석해보지도 않았다고 결론을 내려버
릴지도 모른다.

리더가 커뮤니케이션을 할 때 주의해야 할 점은 '자세한 설명' 보다
는 오히려 '해석' 이다. 데이터를 최소한으로 제시하고 해석을 최대한
으로 하면 대개는 지루함이 흥미로움으로 변한다. 여러분의 의사결정

> 비즈니스는 숫자로
> 말한다. 불행하게도
> 대부분의 리더들은
> 숫자를 들을 때
> 지루해한다.

에 영향을 끼친 사실들을 수집하여 공유할 수 있도록 준비해두라. 그러나 데이터로서가 아니라 여러분의 생각으로서 제시해야 한다. 이 원칙은 글로 작성하여 커뮤니케이션을 할 때에도 적용된다.

사실을 기억할 수 있게 만들어라

간단한 유추를 통해서 데이터를 이해하기 쉽고 기억하기 쉽게 할 수 있다. 예를 들면 1에이커는 대략 축구장 크기이고, 1기가바이트의 정보는 평균 소설 1천 권 분량의 정보량이다. 스탠포드 대학 출신의 심리학자인 칩 히드(Chip Heath) 교수는 다음과 같이 말한다.

사람들은 어떤 아이디어의 진실에 관심을 가지지만, 마찬가지로 또한 강력한 감정을 불러일으키는 이야기도 말하고 싶어한다. 두번째 경향은 종종 첫번째 경향에 방해가 되기도 한다. 예를 들어 건강에 관한 이야기처럼 모두의 기대를 충족하고도 남는 어떤 종류의 이야기가 사실은 진짜가 아닐 때에도 우리는 이를 기꺼이 정당한 정보로 수용할 수 있고, 이를 활용하여 사람들의 행동을 더 나은 쪽으로 변화시킬 수 있다.

만일 내가 기업을 경영하는 경영자라면 조직 내에서 두루두루 회자되어 큰 성공을 거두는 사명 선언문을 만들어 온 도시에서 전설이 되어보고 싶다. 사람들이 통계와 같은 사실을 기억하는 데는 매우 약한 반면에 설화나 유추 형태로 유포된 아이디어는 매우 능숙하게 기억하며, 이를 반복하고 있음을 보여주는 증거는 대단히 많다. 그런데도 일반적으로 사업가들은 사실이 그 스스로를 밝혀간다고 생각하고 있다. 물론 MBA 학생들은 이 말을 받아들이기 힘들겠지만.

빌 게이츠(Bill Gates)가 법정에 불려나갔을 때 마이크로소프트(Microsoft)를 위해 변호를 잘한 것으로 보이지는 않는다. 그러나 마이크로소프트에게 윈도우즈에서 브라우저를 제거해야 한다고 요구하는 것은, 라디오 제조업자들이 사업에 지장을 받을 수도 있으므로 자동차 제조업체에게 자동차에서 라디오를 제거하라고 요구하는 것과 같다고 말했을 때 그는 장쾌한 홈런을 날린 것과 다름없었다.

은유와 색조는 커뮤니케이션을 한 내용을 기억할 수 있게 해준다. "성공한 회사는 자신들의 아이디어를 실현시키고, 진실한 것을 대변하며, 비즈니스와 자신들의 이야기를 명확하게 하기 위해 은유와 유추를 사용하는 회사일 것이다"라고 선 마이크로시스템즈(Sun Microsystems)의 CEO인 스콧 맥닐리(Scott McNealy)는 말하였다. 그는 이어서 "결국 현금이나 동전은 물론이고 화폐 그 자체는 다른 위대한 진실, 즉 가치의 합의된 표현에 불과하다. 그리고 나는 당신에게 가치야말로 실재적인 것이라고 확언할 수 있다"라고 말하였다.

사실에 중독된 사람조차도 은유에 의존한다. KDD에 관한 최근의 한 신문 기사는 다음과 같이 제시하고 있다. "메타데이터(데이터 원장)의 유지 보수는 차량 정비처럼 필수적이다. 만일 여러분이 자동차에 기름을 넣는 것을 잊어버리거나 타이어에 공기를 넣지 않는다면 얼마 가지 못해서 휘발유가 떨어지거나 사고를 당할 것이다."

스탠포드의 학자인 히드와 조너 버거(Jonah Berger)는 출판물 데이터베이스를 검색하여 2000년 대통령 선거 토론에서 가장 반복적으로 사용된 두 가지 문구가 증식되어가는 것을 추적하였다. 그 문구는 고어의 '자물쇠 상자'와 부시의 '퍼지 수학' 은유였다. 퍼지 수학 문구가 근소한 차이지만 더 많이 증식된 것으로 나타났다.

사진이나 단어, 그림을 사용하라. 스트리트 레일웨이즈 광고 회사(Street Railways Advertising Company)의 광고 매니저인 프레드릭 R. 바너드(Fredrick R. Barnard)는 1921년에 "한 번 보는 것이 천 마디 말보다 낫다"라고 카피를 지었다. 그는 나중에 이것을 '만 마디'로 고쳤는데 사실은 '한 장의 사진이 천 마디 말보다 낫다'라는 격언을 본떠 각색하여 처음 문구를 만들었던 것이다. 법조계의 사표이며 신시내티의 변호사인 루 길리간(Lou Gilligan)에 의하면 "진짜 사진은 법정에서 십만 달러의 가치가 있다"고 한다. 설령 여러분이 이를 조각내더라도 한 장의 사진은 그 가치가 있다.

사실로 유머를 찔러라

미국의 표준 철도 궤간(軌間)은 4피트 8.5인치이다. 이렇게 이상한 철도 너비가 어떻게 생겨나게 되었는가? 그것은 철도를 부설한 영국인 국외 추방자들이 미국에 도입한 너비에서 유래하였다. 영국인들은 왜 이렇게 넓게 철도를 건설했는가? 그것은 맨 처음 영국의 철로를 그 이전 시가지 전차 궤도를 부설한 바로 그 사람들이 건설하였고 그들이 썼던 궤간이었기 때문이었다. 그들은 왜 그 궤간을 썼는가?

시가지 전차 궤도를 건설한 사람들은 바로 그 이전의 운송 수단인 화물 마차를 만든 사람들이었고, 똑같은 절삭 공구 운반대와 도구, 그리고 표준 화물 마차 바퀴 간격을 사용했기 때문이었다. 화물 마차 바퀴 간격은 매우 실제적이며, 바꾸기가 어렵고, 잘 들어맞는 현실성 때문에 표준화되어 있었다. 영국이 로마 제국과 로마 전차에 의해 관료제 통치를 받았을 때 모든 사람들이 로마의 표준 간격을 사용하였다. 오랜 기간 이러한 간격은 로마가 건설한 넓은 도로망을 따라 깊은 바퀴 자국을 남겨놓았다. 만일 영국의 바퀴 간격이 로마 바퀴 자국에 들어맞지 않았다면 바퀴는 망가졌을 것이다.

로마의 표준은 마차와 전차를 만든 초창기 사람들의 시행착오를 거쳐 고안되었다. 그들은 두 필의 말을 수용할 수 있는 최선의 너비가 4피트 8.5인치라고 결정하였다. 이와 같이 미국 표준 철도 궤간은 본래 로마 제국의 전차를 위한 설계 명세서에 기초하여 계승된 표준이었다.

이 표준은 철도에 끝나지 않는다. 우주선을 추진시키는 2개의 큰 보조 로켓은 궤도에 올리는 주 연료 탱크 옆에 부착된다. 디오콜(Thiokol)은 유타에 위치한 공장에서 고체 연료 로켓 부스터 SR Bs를 만든다. 고체 연료 로켓 부스터를 설계하는 기술자들은 이를 열차에 실어 공장으로부터 발사 장소로 보낸다. 공장으로부터 철도 노선은 철도보다 약간 넓은 산악 터널들을 통과하여 달린다. 디오콜 기술자들이 보다 두터운 고체 연료 로켓 부스터를 만들고자 희망한다 해도 철도 궤간이 설계를 제한한다. 현대의 우주 전차 설계는 말 궁둥이 크기를 따른다. 설계 명세서와 관료제는 영원하며, 혹자로 하여금 ISO 표준에 대하여 궁금증을 가지게 만든다.

사실 보여주기

우리는 그래픽이 "단번에 알 수 있는 것을 무지한 사람들에게 내보여주는 장치"는 아니라고 주장하는 에드워드 투프티(Edward Tufte)에 동의한다. 하지만 다양한 소프트웨어들이 모든 비즈니스 사람들의 가슴 속에서 살아 숨쉬고 있는 미켈란젤로에게 그래픽을 사용하여 자료를 무의식적으로 왜곡하도록 허용하고 있는 게 현실이다. 왜냐 하면 사람들의 내부에 숨어 있는 개구쟁이 기질의 예술가가 색깔과 질감 등을 다양하게 사용하도록 끊임없이 호소하고, 이를 억눌러보았자 스스로를 아마추어로 보이게 할 뿐이기 때문이다. 비즈니스 아이디어와 주제를 차트, 표, 또는 그래프 없이 커뮤니케이션하기란 거의 불가능하다. 숫자의 의미(아마도 시라고 해야 하지 않을까)를 시각적으로 표현하는 것은 글로 쓰든 또는 구두로 프레젠테이션을 하든 겁나는 일이다. 데이터를 잘 전시하는 법을 배워야 한다.

리더의 소리를 참고하여 그래픽을 만들고 사용하고자 한다면 그래픽으로 디스플레이 하는 것에 관한 우리의 조언은 간단하다. 데이터를 공유하거나 여러분이 다른 사람들을 설득하여 여러분의 견해를 받아들이도록 할 때에 그래픽으로 디스플레이하여 보여준다면 도움이 된다. 사실은 정확하고 분명해야 하며 해석을 뒷받침해야 한다. 차트의 타이틀은 여러분이 강조하는 요점을 드러내야 한다. 차트 자체는 평균적인 고등학생이라면 이해할 수 있을 정도로 간단해야 한다. 휘황찬란한 것은 라스베이거스로 떠나 보내라.

이러한 원칙을 잘 보여주는 훌륭한 예는 테오도르 캡로(Theodore Caplow), 루이스 힉스(Louis Hicks), 그리고 벤 J. 와텐버그(Ben J. Wattenberg)

가 저술한 『처음 측정된 세기 : 미국의 추세에 대한 일러스트 가이드 1900~2000(The First Measured Century : An Illustrated Guide to Trends in America, 1900~2000)』(아메리칸 엔터프라이즈 인스티튜트 프레스 발행)이다.

사실을 이야기로 바꿔라

사실 : 미네소타주 북부에 있는 철광석 광산의 숫자가 1960년부터 2000년까지 284개에서 7개로 줄어든 반면, 광부는 4만 8천 명에서 6천7백 명으로 감소하였다.

그러나 여러분은 이 사실을 다음과 같이 말할 수도 있다.

> 미국의 대부분의 철광은 덜루쓰 북쪽 메사비 산맥에서 산출된다. 빙하가 산등성이를 평평하게 만들어 노천 철광석을 매장한 부드러운 언덕을 형성하였다. 1960년에 284개의 광산에서 4만 8천 명의 광부가 산을 빨아 암석 조각을 만들었다. 2000년에는 오직 7개의 광산과 6천7백 명의 광부만 남았다. 40년 간 해마다 약 5천만 톤의 광석을 파냈다. 많은 사람과 적은 기계로 이 일을 시작하였으나 이제는 적은 사람과 거대한 기계로 한다.

이것은 미네소타 주 키워틴에 있는 내셔널 스틸 펠리트 회사(National Steel Pellet Company)의 부사장인 토머스 펠루소(Thomas Peluso)가 한 말이다. 펠루소는 자신이 직접 겪은 이 극적인 변화에 대해 이야기할 때 부드럽게 말하곤 했다. 그는 작업복을 입는 광부로 시작하여 넥타이를 매는 임원이 되기까지 그곳에서 내내 일해왔다.

우리는 그러한 말에 이어서 그러한 극적인 변화의 영향을 받은 지역사회에 대해 계속 이야기할 수도 있지만 여러분이 관련 사진을 구해보기를 권한다. 이처럼 정황에 대해 약간이라도 파악한다면 많은 의미를 더할 수 있다.

놀라운 사실로 불꽃을 당겨라

놀라운 사실을 이용하면 한 순간에 관점을 바꿀 수 있다. 놀라운 사실은 데이터의 산맥에서 캐낸 다이아몬드와 같다. 놀라운 사실은 사실, 감정, 그리고 상징을 전달하여 듣는 사람의 마음의 빈칸을 급속히 채울 수 있다.

다음의 것들을 시험삼아 해보라.

판매를 주도하는 모든 상품의 87퍼센트는 결코 추격할 수 없다.

에이즈 감염자의 90퍼센트 이상은 아프리카의 사하라 사막 남쪽에 있다. 만일 깨끗한 물 한 잔이 그 치료약이라면 감염자 대부분이 거기에 접근하지 못할 것이다.

질병통제센터의 보고에 따르면 매년 9만 명 이상이 병원 측의 실수로 죽는다. 승객을 가득 태운 보잉737 여객기가 매일 추락하여 생존자가 한 명도 없는 것과 맞먹는다.

미국 인구 조사국에 따르면 1994년 현재 :

고등학교를 졸업한 흑인 여성의 소득은 고등학교를 졸업한 백인 여성의 소득보다 3퍼센트 정도 더 많다.

대학 교육을 받은 흑인 여성의 소득은 대학 교육을 받은 백인 여성의 소득보다 6퍼센트 정도 더 많다.

대학을 졸업한 흑인 여성의 소득은 대학을 졸업한 백인 여성의 소득보다 7퍼센트 정도 더 많다.

요약

사실이 뒷받침됨으로써 메시지는 논리적으로 입증될 수 있게 된다. 대부분의 리더들은 사실을 이해하고는 있지만, 종종 사실이 의미하는 바를 청중들이 기억하기 쉽도록 매력적으로 제시하는 데 시간을 들이지는 않는다. 리더들은 TV 특파원처럼 짤막한 어구로 당당하게 데이터를 보고하면 청중이 자기와 마찬가지로 이해해줄 것이라 믿고 있다. 정황이나 해석을 전달해주지 않으면서 감정적으로만 호소하면 제시된 사실에 아무런 도움을 주지 못한다. 단지 다루기 힘든 과거 문제를 들먹이는 빈약한 어구가 될 뿐으로, 소외감이 들게 하거나 냉소주의만 반복적으로 야기하여 구성원이 거부하도록 만든다. 구성원들은 사실을 해석하고 그 해석을 자신의 감정, 상징과 결합시켜 의미를 만들려고 한다. 사실을 사용하는 방법을 아는 리더는 힘이 있다. 사실을 훌륭하게 커뮤니케이션한다면 신뢰를 구축하고 확신을 갖게 만들 수 있다.

THE EMOTIONAL CHANNEL

감정에 맞춰라

리더가 우리로 하여금 어떻게 느끼게 만드는가가
그들을 따르는 데 있어 매우 중요하다

신시내티 교외에 있는 우리 집 근처에 방송 황금 시대의 상(像) 하나가 서 있다. 라디오와 텔레비전 업계의 거물인 파웰 크로슬리 주니어 (Powel Crosley Jr.)가 세운 것이다. 다이아몬드 모양의 WLW 라디오 탑은 새로 개발된 주변 건물에 비해 엄청나게 큰 831피트의 높이로 우뚝 서 있다. 1934년 5월 2일에 프랭클린 루스벨트가 백악관에서 황금 키를 돌리자 그 탑에 50만 와트의 전류가 흘렀다. 그 신호가 너무나 강력해서 WLW는 '국가의 방송국'으로 알려지게 되었다.

10만 와트 짜리 관 20개를 냉각시키는 데 필요한 분당 1,200갤런의 물을 공급하기 위해서 라디오 탑 옆에 대형 연못을 만들었다. 근처에 사는 사람들은 빵을 굽고, 설거지를 하고, 이를 닦으면서 WLW를 들을 수 있었다. 오늘날까지도 연방통신위원회는 WLW의 출력 주파수 전력을 최고 5만 와트로 허용하고 있으며, 강력한 방송국의 소리는 디트로이트부터 버밍햄까지 들을 수 있다.

감정은 리더십 커뮤니케이션에 있어 와트의 양과 같은 것이다. 강력하면서도 분명한 채널로 여러분이 의도하는 바를 커뮤니케이션하기 위해서는 여러분의 진실한 감정을 스스로 이해하고 표현해야 한다. 또한 여러분은 리더이므로 구성원들이 중요하다고 느끼면서도 말로 표현하지 못하는 느낌을 이해하고 명확히 나타낼 수 있어야 한다. 마지막으로 여러분은 리더의 열망을 공유하는 사람들 주위에 열성적인 사람들을 배치해야 한다.

그렇게 하면 구성원들은 자신의 감정 채널을 스스로 끊임없이 검사하여 영감을 받고, 격려를 받으며, 행동으로 참여하게 된다. 업무 회의는 토크쇼처럼 구성원 각자가 믿는 바를 명확하게 해주게 되고, 단합 모임 등은 대중 음악처럼 자신의 영혼을 자극하는 감정 몰입을 가져온다. 그리고 최신 뉴스와 일기예보처럼 업계 동향이나 경기 예측 등에 스스로 귀를 기울인다. 그들은 선호하는 방송국을 찾으며, 싫어하는 다른 방송국은 통과하도록 해주는 프로그램 버튼을 미리 설정해둔다. 문제는 "그들이 리더인 여러분에게 그들의 감정 채널을 맞추는가 아니면 맞추지 않는가?" 이다.

가장 훌륭한 리더는 다음과 같은 여러 방송국의 다양한 프로그램들을 방송한다. 사람들이 감정 라디오에서 가장 먼저 멈추게 되는 다이얼은 WFEL 즉 느낌이며 이는 인간의 기본적인 감각적 특징을 나타낸다.

WFEL …느낌

우리의 재능 있는 아트 디렉터인 캐리 오닐(Carrie O'neal)은 갓 태어난 4개월 된 아기 어비(Abby)를 사무실에 데려온 적이 있다. 모두가 하던 일들을 잠시 멈췄다. 우리는 휘황찬란한 다이아몬드를 들여다보는 보석업자들처럼 이 멋지고 분명 보통내기가 아닌 아이 주위로 모여들어 서로 먼저 안아보려고 하였다. 우리는 괴상망측한 얼굴을 지어보기도 하고, '까꿍' 하고 애교스런 말을 하거나 '똑똑똑' 하고 혀를 굴려보기도 하면서 환하게 웃었다. 어비는 우리 모두의 감정을 불러일으켜주었다.

심리학자들은 정확하게 어떤 세트로 감정이 조합되어 있는가에 대해서는 의견이 일치하고 있지 않지만 사람의 감정은 기본적으로 세트 형태로 조합되어 있다는 점에는 동의한다. 색의 삼원색처럼 사랑, 희망, 슬픔, 분노, 행복 등이 리더의 팔레트를 구성한다. 이러한 기초 감정을 얘기함으로써 리더는 구성원들에게 자신이 그들을 비즈니스 구성부품이 아닌 인간으로 바라보고 있음을 상기시킬 수 있다. 크리스토퍼 바틀릿(Christopher Bartlett) 교수와 수맨트러 고샬(Summantra Ghoshal) 교수는 『슬로언 매니지먼트 리뷰(Sloan Management Review)』에 기고한 글에서 리더들은 "충성심이 죽었다"고 단정할 것이 아니라 구성원들을 사로잡아 활력을 불어넣는 일을 시도해야 한다고 제안한다. 피터 드러커(Peter Drucker) 교수는 『하버드 비즈니스 리뷰(Harvard Business Review)』에 기고한 글에서 "리더라면 현실에서 무시되고 있지만 급격히 그 수가 증가하고 있는 임시직 노동자들과 유대감을 형성해야 한다"라고 강조하고 있다.

애니터 로딕(Anita Roddick)은 바디 숍 점장으로 일하는 동안 회사를 '보다 과감하고, 보다 현명하며, 보다 활력 있게' 만들고자 힘썼다. 아이스크림 기업 '벤 앤드 제리(Ben & Jerry)' 처럼 그녀는 많은 사람들이 깊이 느끼고 있는 사회적이고 환경적인 일상 문제들과 비즈니스 아이디어를 신중하게 결부시켰다. 마틴 루터 킹 주니어는 "제 아이 네 명은 언젠가 피부 색깔에 의해서가 아니라 인격의 내용에 의해 판단을 받는 나라에서 살게 될 것입니다"라며 개인적 수준에서의 자신의 꿈과 자신이 전하고자 하는 이상을 결합시켜 표현하였다. 힐러리 로댐 클린턴은 이 세계를 모든 사람들이 자기 자녀를 양육하기 위해 서로 돕는 마을로 묘사함으로써 연설장에 모인 청중들과 자신을 유대감이라는 끈으로 연결시키고 있다. 솔트 레이크 시티에서 열린 2002년 동계 올림픽 경기 대회의 개회식에서 조지 W. 부시 대통령이 선수들과 함께 앉기 위해 관중석으로 올라갔을 때 선수들만큼이나 그도 함께 앉는다는 사실에 흥분했을 것임이 틀림없다. 전 뉴욕 시장 마리오 쿠오모(Mario Cuomo)는 1984년 민주당 전국 대회에서 당원들과 자신의 마음을 공유시키는 대단히 매혹적인 기조 연설을 하였다. 그는 부모가 아메리칸 드림을 자기에게 어떻게 가르쳤는지 얘기함으로써 매일 매일의 꿈과 희망에 호소하였다.

저는 아버지로부터 우리의 민주주의에 대하여 배웠습니다. 그리고 저는 아버지와 어머니로부터 우리 모두가 서로에 대해 가져야 할 의무에 대해 배웠습니다. 저희 부모님은 오직 자신의 자녀들을 위해 일하고 그래서 보다 좋은 세상을 만들어갈 수 있는 기회를 달라고 요구할 뿐이었습니다.

아마존닷컴의 제프 베조스(Jeff Bezos)는 주주들에게 보낸 2000년도 연례 보고서를 "아, 정말이지 잔인한 한 해였습니다"라는 단순한 말로 시작하였다. CEO가 사람들과 자신을 일상적인 수준에서 연결할 수 있는 능력은 천재성의 일부라고 할 수 있다. 베조스는 이러한 단순한 표현에 이어서 전년도의 힘들었던 경영 실태를 조목조목 밝힘으로써 효과적으로 자신의 메시지를 전달할 수 있었다. 경영 보고를 한 다음 그는 재정적 전망에 대한 주주들의 불안을 줄이기 위해 투자가 벤저민 그레이엄(Benjamin Graham)의 말을 인용하였다.

주식 시장이란 단기적으로는 가격을 정하는 데 표를 던지듯 주식을 매매하는 기구이지만, 장기적으로는 그 회사가 가진 자산의 값어치를 저울로 재듯 평가하는 기구입니다.

KPOW ···발전소

탁월한 리더들은 어려운 여건 속에서도 우리가 성취하고자 하는 최선의 자아에 호소하며, 또한 스스로의 업무에 대해 자부심을 느끼고자 하는 우리 모두가 가진 고상한 욕망에 호소한다. 텍사스의 전직 의원인 짐 라이트(Jim Wright)는 『어느 공인의 회상(Reflections of a Public Man)』이라는 책에서 시민권 운동의 초창기에 대하여 언급하고 있다. 브라운(Brown)이 교육부를 상대로 벌인 투쟁 사건이 일어난 지 불과 3년밖에 지나지 않은 1957년에 분노, 공포, 그리고 원한의 물결이 여전히 남부 지역 대부분을 휩쓸고 있었다. 그는 남부의 여러 주(州)들이 연방에 재편입된 이래 최초로 의회에 상정된 민권 법안 중 하나에 투표를 하던 중 벌인 투쟁을 기억하고 있었다.

하원 의장이자 동료인 텍사스의 샘 레이번(Sam Rayburn)이 그에게 다음과 같은 말로 호소하였다. "짐, 나는 자네가 이 법안에 찬성하기를 바라고 있네. 물론 자네가 분노와 원한으로 가득 찬 법안 반대자들의 수많은 편지를 받고 있을 거라고 생각하네. 하지만 나는 자네가 그와 같은 반대를 견뎌내고 극복할 만큼 강하다고 믿어. 먼 훗날 자네는 자신이 한 일에 자부심을 느끼게 될 것이네."

라이트는 "그는 네 가지 점에서 옳았다"라고 회고한다. "한 세대가 완전히 바뀐 후에야 당시에 그가 나의 최선을 믿어주고 또 이를 보여줌으로써 나에게 호소했던 그때 일을 기억하노라면 정말 영광스럽기 그지없다."

베스트셀러 『리더십에의 도전(The Leadership Challenge)』의 저자 짐 쿠제스(Jim Kouzes)와 배리 포스너(Barry Posner)는 리더십은 관계성이라고 이해한다. 지난 15년 간 바로 이들과 함께 일하면서 우리는 10만 명 이상의 개인들에게 리더의 말과 행동이 구성원들이 갖게 되는 권한에 대한 느낌에 어떤 영향을 끼치는지를 묘사해달라고 요구하였다.

한 IT 회사의 중간 관리자가 겪은 다음과 같은 경험은 우리가 들은 이야기들 속에서 전형적인 위치를 차지한다. "사장이 나를 집무실로 불러 '링컨 프로젝트는 우리의 최우선 순위이고 앞으로 회사의 중요한 경제적 추진력이 될 것이네. 우리에게는 이를 지휘할 용기와 지성, 인내력을 갖춘 최고의 인재가 필요해. 이 프로젝트는 본래 나의 아이디어이고 내게는 대단히 중요하다네. 나는 이 아이디어를 확신하고 있지. 성공하든 실패하든 나는 이 아이디어를 지지할 것이야. 그러나 물론 성공을 거둬야 하겠지. 자네에게 한 가지 질문이 있어. 자네가 이 아이디어를 이끌어가지 않겠나?' 라고 말했습니다. 사장이 나를 그렇게까지 신뢰하고 있다니 굉장하다고 느꼈지요. 나는 기뻐서 펄쩍 뛰면서 '물론입니다' 하고 대답했죠." 이 관리자는 이 일이 자신이 겪은 생애 최고의 리더십 경험이었다고 얘기했다.

'권한 이양'이라는 말에 신경이 쓰이기는 하지만 우리는 이 말을 그다지 믿지 않는다. 여러분은 권위를 부여하고, 책임을 할당하고, 결정을 지지할 수 있다. 그러나 능력이란 어떤 다른 사람에게 줄 수 있는 성질의 것이 아니다. 우리는 이미 우리 안에 능력을 가지고 있기 때문에 우리 자신에게 권한을 부여한다. 리더들은 구성원들이 자신의 능력을 발견할 수 있도록 도울 수는 있다. 리더가 자기 조직의 구성원들에게 자신이 그들을 믿고 지지한다고 말함으로써 꺼져가는 구성원들의 불길을 활활 타오르게 부채질할 수는 있다. 이러한 종류의 발언이야말로 발설하지 않고 숨기게 되면 불행을 가져온다. 그러므로 여러분은 "나는 진실로 사람들을 믿는가?"라고 스스로 자문해보아야 한다. 리더십이란 궁극적으로 다른 사람들을 믿는 신뢰의 행위인 것이다.

KOUR ···격려

여러분들은 비즈니스 활동을 하는 가운데 축하의 편지나 이메일을 보내기도 하고, 업무 수행에 대해 칭찬과 격려의 말 등을 하는 일도 많을 것이다. 우리는 비즈니스인의 약 85퍼센트가 '감사'의 표시를 행동으로 나타내며, 많은 사람들이 수년동안 그렇게 해오고 있다는 점을 발견하였다. 우리 모두는 마찬가지로 감사해야 할 사람들이 몇 명인가는 있으며, 잠시 동안 그들을 대면하지 않더라도 그들이 어디에 있는지 정확히 알고 있다. 왜 그런가? 그들이 어디에 있는지 그 소재를 우리로 하여금 느낄 수 있도록 만들었기 때문이다.

우리 모두는 우리가 가치 있고 중요한 사람이라고 믿고 싶어하며, 우리가 하는 일 또한 중요하고 우리가 상황을 호전시키는 데 이바지한다고 믿기를 원한다. 글로 된 표현이든 공식적인 칭찬이든 포상과 감사의 표시를 받게 되면 우리는 자신의 일이 가치 있음을 확인하게 된다.

우리는 열정에 가득 찬 자본가이다. 돈은 포상에 있어 그다지 중요하지 않다고들 얘기한다. 개개인들에게 매우 큰 의미를 느끼도록 해준 포상 사례들을 보면 돈과 관련된 것은 별로 없다. 비록 많은 돈과 장기 여행이 주어진 경우에도 그들이 가장 의미 있게 기억한 사항은 돈이 아니었다. 제니퍼 도리안이 TNT에서 '가장 극적인 순간' 부문의 드라미 상을 받은 것이 돈과 무슨 관계가 있었는가? 그녀의 사무실을 지나가는 사람들이라면 누구나 쉽게 볼 수 있도록 값싼 플라스틱으로 오스카상을 본떠 만든 조그만 조각상을 전시했을 뿐이다.

KHOP ···희망과 낙관주의

영업 관리자라면 누구나 낙관주의가 영업의 성공을 위한 핵심 지표임을 알고 있을 것이다. 마틴 셀리그먼(Martin Seligman)은 그의 저서 『학습된 낙관주의(Learned Optimism)』에서 메트로폴리탄 라이프 보험회사(Metropolitan Life Insurance Company)의 CEO인 존 크리던(John Creedon)과 함께 일했던 자신의 경험을 소개하고 있다. 크리던은 무엇보다도 빈번한 이직에 따른 인적 손실에 관심을 가졌다. 영업사원의 50퍼센트가 1년 이내에 그만두었다. 그는 지원자를 선발하는 데 있어 보다 나은 방법은 없는지 알아보고 싶었다. 셀리그먼의 책은 모든 리더들이 낙관주의를 촉진하는 데 있어서 알아두어야 할 것이 무엇인지 개괄하고 있다. 비관적인 사람들은 자기 자신에 대해 변함없이 몸에 배어 있는 개인적 사고의 산물인 다음과 같은 말들을 되뇌곤 한다. '나는 이 분야에서 잘 해본 적이 결코 없었다", "아무도 나를 좋아하지 않는다" 또는 "나는 사장의 주목을 끌 수 없다"라고 한다. 이러한 형태의 자기 대화는 일찌감치 패배를 가져오고 이는 결국 영원한 패배에 이르게 한다. 우리는 자기 조직의 구성원들에게 이러한 종류의 말을 하고 있는 리더들을 불행하게도 꽤 많이 알고 있다.

얼마든지 변할 수 있게 일시적이고, 특별하며, 외향적인 방법으로 상황을 설명하는 리더들은 낙관주의를 더욱 크게 촉진시킨다. "지금의 시장은 침체되어 있지만 시장이란 반등하게 마련이다", "그들도 이미 브랜드 대리점을 가지고 있기는 하지만 우리 회사와 같은 좋은 대리점을 가지고 있지는 않다", "우리는 이익을 내지 못했다. 그러나 9 · 11 테러 이후에는 어느 누구도 이익을 내지 못했다."

낙관적으로 상황을 설명해야 한다는 원칙은 리더들에게도 동일하게 적용된다. 직원들을 야단치거나 그들이 항상 뒤쳐져 있다고 상기시키지 말라. 상황이 결코 변하지 않을 거라거나 그들에게 얼간이라는 인상을 주는 일을 피하라. 대신에 건강한 낙관주의를 촉진시키기 위해서 가능한 한 내용이 영구적이지 않고, 몸에 습관으로 배어 있지 않으며, 개인적으로 흐르지 않는 것을 찾아내는 방식으로 커뮤니케이션을 하라. 셀리그먼은 자신의 책에서 "일시적이고 특별한 데서 불행의 이유를 찾는 것이야말로 희망을 가꾸는 기술이다. 그렇지 않고 영구적이고 일반적인 데서 불행의 이유를 찾는다면 이는 절망을 실천하는 일에 다름 아니다"라고 언급하고 있다.

𝐊𝐍𝐆𝐘 ⋯순수한 에너지

우리의 비즈니스 파트너인 톰 피터스는 세계에서 가장 비싼 대가를 받는 비즈니스 스피커 가운데 한 사람이다. 비즈니스의 영광과 실패에 대한 그의 연설은 대단히 열정적이다. 땀을 뻘뻘 흘리고(sweating), 욕설을 퍼부으며(swearing), 침을 튀기는(spitting) 그의 3S 웅변 스타일을 너무도 잘 알고 있는 우리들은 그의 발표를 들을 때면 절대로 첫째 줄에 앉지 않는다. 『비즈니스 위크(Business Week)』는 그를 비즈니스 측면에서는 가장 좋은 연설자이지만 한편으로는 악몽처럼 겪고 싶지 않은 연설자로도 첫번째라고 묘사하고 있다. 사회비평가 디네시 수자(Dinesh D'Souza)는 『번영의 미덕(The Virtue of Prosperity)』에서 톰을 "예(Yea) 모임 발기인 회원 중 한 사람이고, 신경제를 열창하는 최고의 응원단장"이라고 불렀다. 사람들은 톰의 천재성을 인정할 뿐만 아니라 비즈니스에 대한 그의 열정을 사랑한다. 톰의 은유와 이야기는 우리 모두가 생각하고 느끼고는 있으나 분명하게 표현하지 못하는 것을 족집게처럼 짚어낸다. 현존하는 가장 신뢰받는 비즈니스의 주창자로 그를 뽑는 핵심 요소들은 바로 그의 에너지와 열정이다.

우리는 톰의 스타일을 좋아하지만 이것은 어디까지나 그의 스타일일 뿐이다. 프랑스의 위대한 지성 프랑수아 마리 아루에 드 볼테르(François Marie Arouet de Voltaire)는 "지루하지 않은 스타일이라면 어떤 것이든 모두 좋다"라고 말했다. '모든 사람들의 생각을 읽는다는 것'이 별다른 의미를 가질 수 없는 것과 마찬가지로 연설자의 강력함은 그 사람의 목소리 크기나 카리스마와는 관계가 없다. 우렁차게 기합을 넣는 식의 리더십 연설로는 성공을 지탱할 수 없다. 뿐만 아니라 여러분이 공짜 맥주를 준비해두지 않는 한 기술자와 프로그래머, 회계사들은 절대 나타나지 않을 것이다.

우리는 부드럽게 말하는 스타일의 리더들을 많이 알고 있다. 그럼에도 그들은 지칠 줄 모르는 직업 윤리를 가지고, 눈에 띄는 헌신을 하면서 끊임없이 구성원들과 상호 작용을 하며, 조직의 성공을 향해 힘차게 커뮤니케이션을 하고 있다. 모두가 목청껏 외쳐대는 세상에서 오히려 조용한 목소리가 더욱 돋보일지도 모른다.

우리는 리더십에 의해 야기된 잘못의 대부분은 구성원들이 기꺼이 용서할 수 있을 것이라 믿는다. 그러나 에너지가 부족한 리더십은 관심이나 헌신이 부족한 것으로 인식되기 때문에 결코 용서받기 힘들 것이라 생각한다. 우리는 언젠가 너무도 감정이 없고 단조로우며 멋이 없던 관리자가 자기 팀원 모두로부터 '아무도 걸치고 싶어하지 않는 양복' 취급을 받는 것을 본 적이 있다. 그들이 아무리 그와 감정적 동조를 하려고 해도 도무지 그의 감정의 주파수를 잡아낼 수가 없었다.

《KEMP》 …감정 이입

심리학자이며 교육자인 하워드 가드너(Howard Gardner)는 감정 이입을 "타인들간의 차이를 알아내는 능력, 특히 그들의 기분, 기질, 동기 부여, 의도 속에서 이를 분간하고 판별하는 능력"이라고 묘사하였다. 감정 이입은 한 개인이나 한 집단의 감정을 이해하는 일에 관련된다.

예를 들면 사우스웨스트 항공(Southwest Airlines)의 CEO 허브 켈러허(Herb Kelleher)는 주주들에게 보낸 2001년도 결산 보고서에서 전체 산업과 국가의 상황을 다음과 같은 말로 강조하였다. "항공 산업의 경우 상황은 단지 단테의 연옥 정도가 아니었습니다. 이는 단 하루에 창조된

> 모두가 목청껏
> 외쳐대는 세상에서
> 오히려 조용한 목소리는
> 가장 돋보일지도 모른다.

정말로 놀랍고 비극적인 진짜 지옥 그 자체였습니다."

사실적이고 감정적이며 그리고 상징적인 채널을 통해 다른 사람의 얘기를 듣는 것은 그를 이해하고 좀더 깊은 수준에서 그와 연결해가는 강력한 방법이다. 그러므로 다른 사람들의 말을 들을 때는 먼저 사실을 탐색하라. 그런 다음 감정에 귀를 기울이면서 다른 사람들은 어떻게 느끼고 왜 그렇게 느끼는지 확인하라. 마지막으로 사람들이 사용하는 상징에 면밀한 주의를 기울여라. 리더들은 가끔 자신들이 집단과 구성원들에게 끼치는 부정적인 영향을 알아차리지 못한다. 쿠제스, 포스너와 함께한 연구를 통해 우리는 리더가 구성원 개개인을 어떻게 다루는지 알게 되었다. 리더의 언행에 대해 어떻게 생각하는지를 묻는 우리의 질문에 '무슨 말인지 알아듣기 힘듦', '별다른 영향을 주지 못함' 그리고 '상황 진행에 거의 도움을 주지 못하는 소리였음' 등의 답변을 반복적으로 들을 수 있었다. 이처럼 리더들의 행동을 보고도 구성원이 감정 이입을 일으키지 못한다면 결과적으로 구성원들은 침묵하게 되고, 따라서 업무의 효율성은 떨어지게 마련이다.

WEMO ···감정 과장 표현

데이브 브라운은 렌즈크래프터스에서 겪었던 자신의 변화에 대해 기술하면서 다음과 같이 언급했다. "나는 정말로 두 가지 서로 다른 삶

THE LEADER'S VOICE

을 살고 있는 것처럼 느꼈다. 집과 교회에서 나는 내 삶을 사랑하고 존중하였다. 그러나 일터에서의 삶은 단지 숫자와 승리에 관한 것뿐이었다. 내 개인적 삶에서 느끼는 사랑과 존중의 감정을 일터로 가져갈 수 있다는 것을 깨닫게 되자, 나의 비즈니스 관계는 크게 나아지기 시작했고 우리의 성과도 마찬가지로 향상되기 시작했다."

데이브는 리더십에 대하여 말할 때 '머리'와 '마음'이라는 두 가지 단어를 함께 사용하지 않고서는 단 두 문장도 진행해 나갈 수 없을 정도이다. 그는 자신이 겪은 변화를 '실제적인 낭만'이 시작된 것으로 묘사한다. 그가 자기의 감정을 분리시킨 지 몇 년이 지나면서 실제적인 변화가 일어나기 시작했다. 그는 사흘 동안 진행된 회사 설립 10주년 기념 축하연에 대해 얘기하면서 "나는 울고, 웃고, 껴안고, 춤추었다. 나는 그 자리에서 눈물과 두려움을 밖으로 내쫓아버릴 수 있었다"라고 말했다. 감정적인 경로를 사실적인 경로에 덧붙인 결과 데이브와 그의 팀은 렌즈크레프터즈를 미국에서 틈새 시장을 가장 성공적으로 공략한 소매업체로 자리잡게 할 수 있었다.

커뮤니케이션 전문가 캐슬린 홀 제이미슨(Kathleen Hall Jamieson)은 다음과 같이 썼다. "개인간 커뮤니케이션을 연구하는 학자들은, 개방성은 개방성을 불러오고 폐쇄성은 폐쇄성을 가져온다고 말한다. 자신을 숨기지 않고 드러내게 되면 관계 속에서 우리의 친근감을 배가시킬 수 있다." 어린이들은 성장하면서 감정적인 상처와 당혹스러운 감정, 부적절하고 멍청하다는 느낌으로부터 자신을 보호하는 법을 배우게 된다. 어느 정도까지는 타인과의 사이에 감정적인 거리를 두는 것이 안전과 동등한 의미를 갖는다. 하지만 타인과의 사이에 지나치게 감정적인 거리를 두게 되면 자신의 감정으로부터 자신을 단절시키게 된다. 만일 "여러분이 땀 흘리는 것을 그들이 보지 못하도록 하라"는 격언을 "그들이 여러분의 어떤 일도 보지 못하게 하라"라는 식으로 받아들인다면 여러분은 너무 멀리 나가버린 것이다. 여러분이 자신의 감정을 이해할 수 없다면 타인에게도 여러분의 감정을 적절히 나타낼 수 없다.

여기서 핵심 단어는 '적절히'이다. 우리가 자신의 모든 감정을 타인과 항상 공유해야 한다고 믿는다면 이 또한 순진하기 그지없는 생각이다. 우리는 언젠가 "사람들에게 여러분 자신의 문제를 얘기하지 말라. 80퍼센트는 관심이 없고, 나머지 20퍼센트는 여러분에게 문제가 있다고 기뻐할 것이다"라는 말을 들었다.

물론 리더들은 감정을 일부 숨길 수 있고, 숨김으로써 변함없는 신뢰를 받을 수 있다. 그렇다면 어떤 감정은 다른 사람들과 공유하고 어떤 감정은 비밀로 지킬 것인가가 문제가 된다. 여러분의 분노, 의기소침, 냉소주의 그리고 실망감의 대부분을 꼭꼭 숨겨라. '대부분'이라고 말하는 까닭에 주의하라. 가끔은 여러분이 좌절하고 실망하며 낙심한 모습을 사람들이 알게 하면 관계를 강화하는 데 도움이 될 수도 있다. 그러나 상습적으로 불평하고 비난한다면 리더로서의 자질을 떨어뜨리게 된다.

사람은 모두 무엇인가를 믿고 싶어하므로 여러분의 낙관과 희망 그리고 열정을 다른 사람들과 공유하라. 사람들은 사기를 북돋아주는 방송국 채널에 주파수를 맞추어 듣고 싶어한다.

KMOY … 코미디

유머는 사회적 유대를 증대시키고 동의를 얻어내는 데 유용하다. 또한 스트레스나 두려움, 나아가 당혹스러움을 조절하고, 곤란한 문제에 참여를 유도하며, 심지어는 반대편을 공격하는 데 사용할 수도 있다. 리더가 천부적인 유머 감각을 가지고 있으면 위험하고 긴박한 순간까지도 역전시킬 수 있다. 로널드 레이건 대통령이 저격당한 후 아내 낸시에게 "여보, 나 몸 피하는 걸 까먹었지 뭐야"라고 농담을 하고, 의사에게는 "의사 양반, 제발 공화당원이라고 말해주오"라고 농을 걸었을 때 미국 국민들은 꽤나 안도할 수 있었다.

그렇지만 단지 자신에게 관심을 불러일으키기 위해서만 유머를 사용한다면 구성원들은 머지않아 다이얼을 다른 곳으로 돌릴 것이다. 그리고 리더십 커뮤니케이션 분야에서 다른 사람에게 농담을 건네는 일은 대단히 조심하지 않으면 안 되는 위험스러운 영역이라 할 수 있다. 매력적으로 보이기보다는 오히려 상대의 화를 돋우게 할 수도 있으니 유머를 사용할 때는 조심해야 한다. 간단하면서도 효과적으로 유머를 사용하는 리더의 사례를 두 가지 보도록 하자.

제너럴 일렉트릭(GE)의 회장 겸 CEO인 제프 이멜트(Jeff Immelt)가 2002년 1월 28일 유럽정책센터에서 자신의 새로운 업무와 하니웰(Honeywell)과의 합병 실패에 대해 발표하게 되었다. "이번이 GE 회장이 된 이후 브뤼셀 첫 방문입니다. 여러분은 지난 6월에 나의 전임자 잭 웰치(Jack Welch)에게 'go home' 하고 말했습니다. 그런데 저는 9월에야 그에게 'go home' 하고 얘기했습니다."

휴렛 팩커드(HP)의 CEO 칼리 피오리나(Carly Fiorina)는 휴렛 팩커드와 컴팩(Compaq)의 합병안에 관한 수많은 연설을 하고 다니던 중이었다. 2002년 2월 4일 월요일에 골드만 삭스 기술 회의에서, "오늘 아침 여기 있다는 것이 유쾌합니다. 저는 이렇게 기관 투자가들이 가득한 방에서 연설할 기회를 가져본 적이 없었답니다. '금요일' 이후에는 말입니다. 저는 '철수' 해 있었습니다"라고 얘기했다.

코미디언과 유머 사용자 사이의 차이는 농담을 지껄이는 사람이냐 아니면 얘기를 재미있게 하는 사람이냐에서 찾을 수 있다. 런던대학 킹스칼리지의 데이비드 그레이트배치(David Greatbatch)와 티모시 클라크(Timothy Clark)는 유머의 사용과 공개 발표에 대해 연구하였다. 그들은 국제적으로 많은 갈채를 받는 비즈니스 발표자들이 프레젠테이션 중에 농담이나 빈정거림, 이야기를 통해 유머를 만들어내지만 이 수많은 유머들은 대부분 이야기 속에서 전달되고 있다는 사실을 관찰하게 되었다.

단순한 화자와 리더 사이의 차이는 접대를 목적으로 하느냐 조정을 목적으로 하느냐에서 찾을 수 있다. 가장 효과적인 유머 속에 목적이 있다.

ⅧⅭⰕ ···행동

행동은 말보다 훨씬 큰 전달력을 갖는다. 톰 스미스(Tom Smith)는 VHA의 CEO이다. VHA는 지역 사회가 소유하는 건강 관리 시스템과 의사들의 전국 네트워크로 2,200명의 회원을 가지고 있다. 복잡하게 분할

THE LEADER'S VOICE

되어 있는 네트워크는 각자 일을 하는 매우 독립적인 지역 단위들이 하나로 연결되어 지구상에서 가장 혼란스러운 산업 분야에서 모두가 함께 일을 하고 있다. VHA는 우리가 함께 일한 비즈니스 가운데 가장 복잡하였다. 그러나 톰은 강제력 있는 비전을 가지고 있고, 구성원들은 그가 강제력이 있는 리더이기에 추종하고 있다. 톰은 텔레비전 속에 나오는 전도사처럼 강단을 세게 두드리지는 않는다. 그는 위엄이 있고 조용히 말하는 사람으로 그의 말은 직선적이면서 힘이 있다. 감정적 경로를 이용하는 톰의 커뮤니케이션은 일차적으로 그의 행동으로 이루어진다. 그는 매우 신뢰를 받고 있어서 그의 커뮤니케이션은 그가 한 말이 진심인지, 이를 끝까지 수행할 것인지, 조직과 구성원을 염두에 두고 있는지 등등의 통상적인 여과 장치를 생략한다. 그의 말과 행동은 서로간에 연결이 정확하여 듣는 사람에게 강력한 감정적 방송 채널을 창조해낸다.

세계에서 가장 손에 땀을 쥐게 하는 롤러코스터 세 가지는 다음과 같다. 제3위는 오하이오 주 샌더스키의 시더 포인트에 있는 매그넘 XL−200이다. 제2위는 피츠버그 부근의 케니우드 공원에 있는 선더볼트이다. 그리고 세상에서 가장 손에 땀을 쥐게 하는 롤러코스터 제1위는 반도체 산업이다. 우리가 이렇게 순위나 매기는 분위기에 젖어 있는 동안 애리조나 주 피닉스에 있는 ON반도체의 CEO인 스티브 얀센(Steve Hansen)이 '좋아하는 리더들' 리스트에 올라 있다. 미국과 유럽에서 모토롤라를 경영하는 화려한 경력을 쌓은 스티브는 모토롤라의 계열사인 ON반도체에 와서 닷컴(.com) 거품이 폭발하기 직전에 기업 설명회를 열어 큰 성공을 거두었다. 그러나 얼마 안 있어 그는 나스닥에 올라 있던 많은 하이테크 기업들과 함께 나스닥에서 수직으로 떨어지는 전율을 계속 맛보았다. 대량의 1차 일시 해고를 단행한 후에 스티브는 다른 임원들과 함께 식당에 앉아 곤란한 질문들에 대하여 솔직하고 성실하게 답변했다. 그는 사람들을 다시 일터로 보내기 위해 밤낮으로 일하면서 세계 곳곳의 근로자를 만났으며, 가끔은 화상 회의를 통해서 만나기도 했다. 이러한 만남에서 나타나는 감정적인 분위기는 진실하였으며, 리더십이 부족한 리더가 사용하는 감정적인 조작과 같은 것은 없었다. 스티브는 '진국' 이라 할 수 있었다. 스티브를 따르는 사람들이 보여주는 충성심은 그의 비즈니스에서의 탁월성과 자신의 감정을 다른 사람들과 공유하는 충직스러운 방식에 기인한다.

방송 끝내기

많은 사람들은 리더가 어떻게 느끼도록 만드느냐에 따라 리더를 따르기도 하고 따르지 않기도 한다. 그러나 리더가 되는 과정 자체가 구성원과의 사이에 감정적인 거리를 만든다. 돈 클라크(Don Clarke)는 38살에 우연히도 이러한 궁지에 빠지게 되었다. 그는 수십억 달러의 가치를 가진 소매업체 메이 컴퍼니(May Company)의 중요한 사업 부문을 총괄하는 최연소 회장으로 승진하기로 예정된 사람 가운데 하나였다. 취임 전날 그의 전임자가 그에게 축하의 말을 건네었다. "오늘은 진실이 아닌 것 두 가지가 내일이면 진실이 될 것이네. 첫째, 자네가 회장일 것이네. 둘째, 자네는 마지막으로 진실을 듣고 있다네."

콜린 파월(Colin Powell)은 부시 행정부의 국무부 장관으로 입각하기 전에 기업 임원들에게 한 연설에서 "비공식적이고, 개방적이며, 그리고 상호 협조적인" 커뮤니케이션 환경을 만드는 경우조차도 기업의 임원들은 소외될 것이라고 말하면서 그들에게 "혼자가 될 준비를 하라"고 충고하였다.

구성원들은 임원들의 커뮤니케이션에 대하여 결코 부정적인 피드백을 제공하지는 않는다. 리더들의 얘기가 형편없었다고 해도 구성원들은 사실대로 말해주지 않는다. 오히려 그들의 공개적인 피드백은 긍정적이며 때로는 열렬하기까지 하다. 헤이그룹(HayGroup)이 실시한 조사에 의하면 일반적으로 "사람들은 상사들에게 건설적인 피드백을 제공하지 않으려는 경향이 많다." 진실한 피드백이 없기 때문에 감정적인 거리는 더 벌어지게 되며, 좀이 먹듯이 신뢰를 서서히 파괴시키고, 결국 더욱 더 많은 커뮤니케이션의 장애들을 만들어낸다. 구성원들이 진실을 말하는 것을 두려워하기 때문에 리더들은 자신들이 강력하고 분명한 커뮤니케이션을 수행했노라고 착각하게 된다.

이 순간 여러분이 만일 리더의 위치에 있는 사람이라면 커뮤니케이션이 제대로 안 된 것이 전혀 자신의 잘못이 아니라고 생각할지도 모른다. 구성원들의 긍정적인 피드백에 안주하는 소심한 리더는 진실을 찾기보다는 오히려 칭찬을 얻고자 한다. 대부분의 경우에 이 말은 진실이다. 구성원들이 무죄임을 선언하지 않는다면 우리 생각에는 문제를 고착시키는 것은 일차적으로는 여전히 여러분의 책임이다.

CHAPTER

SYMBOLS: RABBIT'S FOOT AND ROSARY

상징 : 토끼의 발과 염주

토끼 발부터 염주까지
상징은 우리의 삶을 인도하는 심원한 진리에 이르는 지름길이다

여러분의 손가락에 낀 반지, 여러분이 소중히 간직하고 있는 훈장, 어느 책에 인쇄된 꽃 문양 등등, 이 모두는 무언가를 의미한다. 보이스카웃 아이들은 자기네 패거리의 이름을 짓고, 고등학교에서는 마스코트를 선택하며, 가족은 문장(紋章)을 이어받고, 회사는 로고를 디자인하며, 국가는 깃발을 올린다. 우리가 말하는 이야기, 보여주는 예술, 좋아하는 음악은 정체성을 상징하는 것들이다. 오랫동안 표상은 어떤 문화를 나타내면서 다음 세대로 계속 전해져 내려왔다. 많은 상징들은 영원하다.

어떤 상징은 그것이 불러일으키는 행동이나 감정만큼이나 강력하다. 우리는 보다 중요한 것들에 수많은 상징을 결부시킨다. 배구 토너먼트에서 이기면 승리를 상징하는 트로피가 수여된다. 졸업식장에서의 모자 술, 가운, 그리고 학위장은 학업 성취의 햇수를 나타낸다. 혼인식의 서약, 면사포, 반지, 대님, 부케, 축배, 깨진 컵, 빌린 물건, 그리고 푸른 물건은 사랑과 헌신의 약속을 축하한다. 저술가이자 학자인 조셉 F. 맥컨키(Joseph F. McConkie)와 도널드 패리(Donald Parry)는 상징을 "모든 언어 중에서 가장 또렷한 언어"라고 정확하게 규정하고 있다. 상징은 미소, 어깨 움츠리기, 눈짓만큼이나 자연스러운 것이다. 상징은 구성원들의 마음속에서 가치 있는 공간을 차지하기 위하여 감정과 논리를 융합시킨다. 상징은 송신자와 발신자가 서로 힘들게 찾아낸 커뮤니케이션의 지름길이다. 상징은 상호 이해와 개인적인 의미를 동시에 전달한다.

엉덩이를 사용하지 않는 엘비스 프레슬리를 상상하기 힘든 만큼 상징을 사용하지 않는 리더 또한 상상하기 힘들다. 비즈니스 리더라면 브랜드, 비전, 가치, 그리고 전략에 대한 가장 중요한 메시지를 커뮤니케이션하기 위해 상징적인 언어를 사용한다. 인류학자인 이안 태터솔(Ian Tattersall)은 이렇게 말한다. "언어란 참으로 궁극적이고 상징적이며 정신적인 기능을 갖는다. 언어가 들어 있지 않는 사고를 하는 것은 거의 불가능하다." 우리가 이미 상징을 사용하고 있음에도 불구하고 우리 가운데 일부는 상징적인 커뮤니케이션의 의미를 이해하고자 무척이나 노력한다. 우리는 미국 국립 연구소에서 어느 컴퓨터 과학자와 상징에 대하여 이야기를 나눈 적이 있었다. 그 사람은 좌절감으로 자신의 어깨를 움츠리며, "저는 여기 숲에서 길을 잃었습니다. 저는 이 상징물들을 이해하지 못합니다"라고 말하였다.

초인, 과학, 그리고 상징

우리가 연구하던 중에 과학 공부를 처음으로 시도하는 청중들에게 상징을 사용하여 가르치는 히더 셜리(Heather Shirley)라는 저명한 브랜드 리더와 대화를 나눌 기회가 있었다. 그녀는 독일계 대기업 바이엘 A.G.(Bayer A.G.) 회사의 브랜드 관리자이다. 그녀는 월경 전 증후군이라는 신체적 증상을 경험하는 여성들을 위한 고통 완화제 마이돌을 담당하고 있었다. 마이돌이 시장에서 가장 많이 팔리는 약품임에도 불구하고, 셜리는 십대의 단골 고객을 창출해냄으로써 1,720억 달러의 십대 시장에서 더 큰 점유율을 차지하고자 하였다. 그녀는 또한 마이돌을 신체에 대한 정보의 믿을 만한 출처가 되게 함으로써 일반인의 이익에도 봉사하기를 희망하였다. 셜리는 초기 조사를 철저히 한 후 온라인을 통해 그들에게 접근하기로 결심하였다. 셜리는 또한 십대 소녀들이 이러한 종류의 정보를 얻기 위해서 인터넷 검색을 하려고 하지는 않는다는 점을 알았다. 대부분의 인터넷 의학 정보는 치료에 관한 것으로 십대들에게는 따분한 내용이다. 예를 들어 웹MD(WebMD)는 다음과 같이 설명한다.

거의 모든 여성들은 가슴이 부풀어오르고, 민감해지고, 일시적으로 체중이 약간 는다…… 월경 전 증후군 증상의 다른 것으로 두통, 발진, 근육과 관절 통증, 피곤, 치은염, 심장의 두근거림, 불균형, 홍조, 소리와 냄새에 대한 과민함, 불안, 그리고 불면증 등이 포함될 수 있다…… 정서적 과민은 월경 전 증후군에서 일반적이며, 의기소침·불안·분노·흥분을 포함한 넓은 범위의 관련 증상들을 여성들이 보고하고 있다. 그들은 또한 집중력이 약화되고 기억력을 다소 잃는다고 보고하기도 한다……

셜리는 이렇게 말한다. "오늘날의 십대는 믿을 수 없을 만큼 잘 알고 있고 믿기지 않을 만큼 자극에 빠져 있다. 브랜드 메시지를 직설적으로 단순하게 설교하려드는 것은 십대들을 무관심하게 만들 뿐이다." 셜리와 그녀의 팀은 포커스 그룹을 대상으로 다양한 조사 방법을 통해 이 주제에 계속 몰두하였다. 그리고 마이돌 웹 사이트에 애니메이션으로 만든 쌍방향 카툰, 퀴즈, 그리고 게임을 통해 커뮤니케이션을 하기로 결정하였다. 시카고의 아이툰스 사(itoons Corporation) 출신의 애니메이터들을 선발하여 이들의 도움을 받기로 했다. 아이툰스의 사장이며 CEO인 노옴 드와이어(Norm Dwyer)는 다음과 같이 말했다. "우리는 자기 몸에

서 어떤 일이 일어나고 있는 지 충분히 이해하지 못하는 이제 사춘기를 막 시작한 소녀들을 대상으로 삼았다. 우리는 그저 어린 소녀들이 컴퓨터 앞에 앉아 킬킬거리면서 무슨 일이 일어나고 있는지에 대해 조금 배우기를 원했다."

마이돌의 쌍방향 게임은 이러한 십대들에게 월경 전에 일어나는 견디기 힘든 부풀어오름 현상, 쑤시는 증상, 아픔, 복통 등등의 괴물들을 극복하는 방법을 보여주었다. 십대 소비자들은 이러한 괴물들과 싸우고 있는 곤경에 처한 자매들이다. 아이툰스 사는 복통 괴물의 모습을 결정한 후에는 이들 괴물을 물리칠 초인을 필요로 하였다. 설리는 이렇게 설명한다. "우리는 어린 여자아이들이 받아들여주기를 바랐던 능력을 초인에게 부여하고 초인이라는 상징물을 통해 자연스럽게 여자아이들에게 우리의 메시지가 전달되도록 할 수 있었다." 마이티 마이돌스(The Mighty Midols)는 이렇게 탄생했다.

마리사 마이돌 - 코드 네임 : 복통 킬러

미미 마이돌 - 코드 네임 : 물 보유 전사

마야 마이돌 - 코드 네임 : 월경 전 증후군 약탈자

히더 셜리에 따르면 초인이라는 상징은 강함과 지성을 소유하고 있으며, 놀라운 패션 감각까지 갖춘 어린 여성을 나타낸다. 그리고 이들과 친구가 된다는 것은 원하는 일은 무엇이든 가능하게 해준다는 의미이다. 게임에서 피로, 팽창감, 그리고 복통과 싸우는 초영웅은 키보드의 움직임을 통해 조종할 수 있다. 피로를 폭발시키면 50점을 벌고, 팽창감을 폭발시키면 100점을 얻는다. 복통을 파괴하면 150점을 기록한다. 이 게임의 최고 점수는 5,200점이었다.

셜리는 다음과 같이 말하였다. "우정의 힘, 강한 팀워크 — 마이티 마이돌스는 학교 생활을 통해 어린 여성들이 학습함으로써 긴 인생 여정에서 응용할 수 있는 기술들을 구체적으로 보여줍니다. 한마디 덧붙이자면 그들은 상점가에서 학생들을 기다리고 있습니다. 어떤 십대 여성이 이것에 무관심할 수 있겠습니까?"

이 캠페인은 십대 여성들에게 널리 인기를 얻어갔다. 마이티 마이돌스의 웹 사이트 접속률은 20퍼센트 이상, 그리고 페이지 뷰는 30퍼센트 이상 증가하였다.

대부분의 회사에서는 브랜드가 가장 중요한 상징 역할을 한다. 코카콜라의 병 모양, 나이키의 쉭 소리, 맥도널드의 황금 아치 등은 브랜드 표상이다. 『내셔널 지오그래픽(National Geographic)』의 노란 테두리, UPS의 갈색 트럭과 제복처럼 색깔은 중요한 브랜드 요소이다. 롤스로이스, 루이뷔통, 그리고 M&Ms는 브랜드를 상징적으로 표현하기 위

만일 리더가 브랜드, 비전, 전략, 또는 의제를 상징적으로 정확하게 규정하지 않으면 구성원들이 규정할 것이다.

해 문자를 변형하여 사용한다. 비즈니스 리더들은 마케팅에 있어서는 상징의 중요성을 기꺼이 인정하려들지만 다른 아이디어를 커뮤니케이션하는 경우에는 가끔 상징을 신중하게 사용하지 못하는 일이 흔히 있다. 그들은 사실을 쏟아내고 감정에 젖어들기도 하지만 상징을 의식적이고 효과적으로 사용하는 것을 종종 잊는다. 제대로 완성되지 않은 리더의 메시지를 전달받은 추종자들은 스스로 빈칸을 메워야만 한다.

사람의 두뇌는 사실, 감정, 그리고 상징을 사용하여 완전한 생각을 하게 된다는 점을 기억하라. 리더들은 하나 또는 두 가지 경로로 의사 전달을 잘할지 모르지만 그들의 청중은 자연스럽게 세 가지 경로 모두를 통해 듣고 생각한다. 만일 리더가 브랜드, 비전, 전략, 또는 의제를 상징적으로 정확하게 나타내지 않으면 구성원들도 그렇게 할 것이다.

여러분은 다음과 같은 종류의 상징들이 어떻게 쓰이는지를 생각하면서, 여러분의 사업의 상징은 동맹자인지 적인지를 스스로 물어보라. "상징들은 여러분에 '의해서' 표현되는가? 아니면 여러분을 '위해서' 표현되는가?"

로고, 생생한 묘사, 이야기, 일화, 신화, 은유, 전설, 유추, 선전 문구, 좌우명, 인용, 시, 신조, 예, 사진, 직유, 비유, 디자인, 방정식, 차트, 그래프, 색깔, 인공 구조물, 리스트, 전통, 관습, 사당, 휘장, 축하, 시상, 의기양양, 칭찬, 의식, 종교 의식, 영웅, 음악, 주제가, 놀라운 사실, 정책, 조각상, 프로그램, 증명서, 조직 구조, 깃발, 건축 청사진, 모형, 그리고 유머.

토끼의 발부터 염주까지 이러한 상징은 우리의 삶을 인도하는 심원한 진리에 이르는 지름길이다. 상징을 발견하는 것은 단순한 문제이다. 여러분이 어디에 있건 간에 지금 당장 멈추고 서서 주위를 둘러보고 12초 내에 상징 여섯 가지를 찍어보라. 이렇게 하기는 쉬울지 모르지만 최고의 상징을 찾아 생명력을 불어넣는 것은 조금 힘들다. 여러분이 의미 있는 상징을 개발하는 데 도움이 될 몇 가지 아이디어가 우리에게 있다.

프로토타입 상징

그래픽 디자이너와 광고 대행사는 로고, 웹 레이아웃 또는 결산 보고서 등과 같은 브랜드 부대 물건을 개발할 때에는 많은 시초 아이디어 또는 상징적인 프로토타입(prototype)을 만들어낸다. 그들은 개념적인 수준에서 많은 아이디어를 위해 재빨리 스케치하고 스토리보드를 개발한다. 리더들은 이와 같은 방법으로 상징적인 커뮤니케이션 프로토타입을 만들어낼 수 있다.

발명가, 예술가, 디자이너, 그리고 브랜드 개발자들은 습관적으로 자신을 연이은 자극의 흐름에 몰입시킨다. 그들은 표준적이고 새로운 가공품, 그림, 게임, 또는 잡지 등을 다양하게 활용하여 자신의 창조성을 자극한다. 그들은 아이디어를 가지고 놀면서 목록을 만들고, 그림을 그려보면서 이리저리 다른 프로토타입을 만들어낸다. 일단 충분한 프로토타입을 갖게 되면 그들은 이들 프로토타입을 자신의 창조성을 발산시키는 데 사용하는 일을 멈추고 이번에는 수렴하는 데 사용하기 시작한다. 그들은 프로토타입들의 장점을 비교하고 대조함으로써 범위를 좁혀 나간다. 마침내 그들은 최고의 후보자를 가다듬는다. 그들은 영향

력, 미묘한 차이, 느낌, 색깔, 크기, 품격, 영구성, 그리고 기타 특성을 평
가하여 최후의 상징을 선택한다.

몰입에 의한 상징

단일 주제에 깊이 몰두하는 것은 프로토타입을 만드는 또 다른 과정
이다. 자극을 배열해놓고 사용하기보다는 오히려 특별한 주제로 범위
를 좁혀 나가면서 몰입하도록 하라. 그 주제와 관련하여 여러분이 찾을
수 있는 모든 것을 읽고, 그 주제와 함께 살며, 그 주제를 가지고 먹고 자
도록 하라. 히더 설리가 했던 일을 그대로 행하라. 그 주제에 관하여 전
문가 그리고 초보자와 대화하라. 상징이야말로 삶의 자연스러운 부분
이기 때문에 상징은 자연스럽게 떠오른다. 많은 사람들은 며칠 동안 몰
입하고 나면 돌파의 순간을 맛보게 되며 넘쳐나는 아이디어와 명료함
을 경험하게 된다.

취사선택 연구

비즈니스 분야 이외의 출판물에서 비즈니스 은유를 찾도록 하라. 여
러분이 『사이언티픽 아메리칸(Scientific American)』을 구독하게 되면
여러분의 새로운 지식 경영 시스템을 초신성이나 블랙홀에 비유할 수
있을 것이다. 『내셔널 지오그래픽』을 읽으면 부족장이 사회 체계를 유
지하기 위해 상징을 어떻게 사용하는지 보여줄 것이다. 여러분은 이 책
을 다 읽거든 비즈니스 분야 이외의 책을 읽어라. 관심 가는 토픽이나

사람들을 온라인에서 찾아보라. 올란도에서 열린 유원지국제협회(IAAPA) 연차 총회에서 그들의 전시물을 보면서 7마일 가량을 걷던 중 우리는 성인 교육과 온라인 학습을 위한 약간은 어지럽지만 혁신적인 아이디어를 갑자기 떠올리게 되었다. 유니버설 스튜디오에 있는 '모험의 섬'에서 가진 저녁 시간은 스칸디나비아 식 요리처럼 정말 잡다하고 다양한 상징을 제공해주었다. 광장 입구에서 주제를 취사선택하는 방식부터 '스파이더맨의 놀라운 모험'의 현기증 나는 특수 효과에 이르기까지 정말 다양한 상징을 맛보았다.

여러분이 보다 많은 경험을 하면 할수록 여러분은 커뮤니케이션을 할 때 보다 많은 상징을 사용할 수 있게 된다. 여러분이 초콜릿 몇 박스를 직접 먹어보지 않고서는 "인생이란 한 박스의 초콜릿과 같다"라고 말할 수는 없을 것이다.

우리가 관찰하고 면담해온 가장 훌륭하게 말하는 사람들은 대부분 평생 동안 독서 습관을 유지하고 있는 사람들이었다. 또한 그들은 자신의 비즈니스와 직접적인 이해 관계를 갖지 않는 분야에 있는 흥미로운 사람들과 대화를 나누는 경우가 많이 있었다. 한 권의 책을 읽고 다른 사람과 대화를 했다고 해서 여러분의 관점이 바뀌지는 않는다. 그러나 100권의 책을 읽고 100명의 흥미로운 사람들과 대화를 나눈다면 여러분의 관점은 바뀌게 될 것이다.

이것 지칭하기

우리는 유사어, 속담, 인용, 어원, 숙어의 유래, 자서전, 철학 용어, 연설 주제에 관한 정보를 포함하고 있는 많은 참고 서적, 그리고 즐겨 찾는 웹 사이트에 대한 정보를 담고 있는 길다란 목록을 가지고 있다. 예를 들어 '집밖에 내걸다(hang out)' 라는 말은 1830년대에 크게 유행하였다. 그것은 여러분의 개업 간판이 어디에 걸려 있는지를 이웃에게 알리는 관습과 관련되어 있었다. '빅 치즈' 는 '물건' 을 뜻하는 우르두어 chiz를 해석한 것이다. 식민지 시대의 인도에서 영국에 건너갈 때 의미가 변하여 '좋은 것' 을 뜻하게 되었다. 오늘날의 의미와는 정확히 일치하지는 않는다.

몇 해 전 우리는 어느 회사의 임원들에게 조금 힘든 '360도 피드백' 과정을 전수하고 있었는데, 피드백에 대한 한마디 달콤한 겉치레 인사가 필요하게 되었다. 서가에 가서 선물의 의미인 피드백을 지칭할 수 있는 것을 찾았다. 우리는 칭찬을 받을 때는 밝은 색깔의 포장지를 사용하고 비난을 받을 때는 갈색의 포장지를 사용하는 두 가지 은유를 연구 대상으로 삼았다. 우리는 이 아이디어를 확장하여 포장지를 주는 사람에게 '감사합니다' 라는 말로 답례하도록 임원들에게 권하였다. 이러한 간단한 은유는 집단의 저항을 완화시키는 적절한 환경을 만들어주었고, 이내 그들은 '주는 것' (피드백)을 받을 수 있었다. 이러한 방법은 이제 우리들의 주요 상품이 되었다.

인터넷으로 인해 우리는 무엇인가 참조를 하려고 할 때면 항상 기본적인 안내를 받을 수 있다. 구글(google)에서 피드백이라는 검색어를 넣으면 테드 머서 주니어(Ted Mercer Jr.) 여단장이 한 말을 인용한 글귀가 뜬다. "피드백은 선물이다. 자신의 행동이 자신의 의도와 얼마나 잘 일치하는지를 배우고자 하는 사람들을 위해 교정을 해주는 메커니즘이

다." www.theleadersvoice.biz에 가면 우리가 즐겨 찾는 자료에 연결할
수 있다.

마케팅 물어보기

광고 대행 회사, 브랜드 개발 회사, 마케팅의 프로들은 상징적 커뮤
니케이션의 도사들이다. 여러분의 마케팅 부서에 도움을 요청하라. 상
징을 만드는 것이야말로 그들이 하는 일이다. 창의적인 미치광이 4명
을 선발하여 여러분의 아이디어를 가지고 놀면서 적합한 상징성을 찾
도록 해보라. 신문사에 근무하는 정치 풍자 만화가를 초대하여 점심을
함께해보라. 여러분의 아이들이 사용하는 은어에 귀를 기울이고 무엇
을 가리키는지 물어보라.

여러분은 종종 놓친다. 심지어 브랜드의 대가로 통하는 사람도 가끔
빗나간다. 레오 버넷 광고 대행사(Leo Burnett agency)는 대가 중의 대가
이다. 그 회사의 설립자로서 작고한 레오 버넷은 분명한 사고 방식을
가지고 있었다. 그는 "비즈니스의 차원에 대해서 가급적 적은 관심을
가져야 한다고 생각한다. 그리고 비즈니스의 물질적이고 재정적인 겉
모습 뒤에 있는 가치와 열정, 그리고 정신과 같은 심장의 고동에 더 많
은 관심을 가져야 한다고 생각한다"라고 말하였다.

버넷 광고 대행사는 미국 육군의 '하나의 육군(Army of One)' 광고
캠페인을 만들어 오랫동안 성공적으로 사용되어오던 '여러분이 되고
싶은 것이면 무엇이든 될 수 있는' 이라는 캠페인을 교체하고자 시도하
였다. 그들은 육군 심장의 고동에 닿으려고 시도했던 것이다. 그러나

이 캠페인은 혼란을 야기했다. 『애드벌타이징 에이지(Advertising Age)』 지의 밥 가필드(Bob Garfield)는 이 캠페인을 "기괴하기 그지없는…… 미끼와 채찍"이라고 불렀다. 그는 이렇게 말했다. "육군은 하나의 군인 근처에 간 적이 결코 없었고, 결코 가지도 않을 것이다."

우리는 바로 우리 몫인 '하나에 대한 조사'를 수행하면서 스콧에게 '새로이 방향을 바꾼 18세 모병제'에 대한 그의 견해를 물었다. 그는 이렇게 대답했다. "육군은 하나 근처에 가지 않는다. 나는 나의 팀인 성룡, 아놀드 슈워제네거, 이연걸과 함께 나로서 전쟁터에 가기 원한다. 나는 그들이 되고 싶어하는 완전한 개성을 받아들인다. 나는 과연 누가 나를 총으로 쏠 가능성이 있는지를 생각할 정도로 개인주의를 정말 좋아한다. 그리고 나서야 나의 팀이나 나의 엄마를 원한다."

이러한 캠페인을 착상한 사람들은 단결, 개인주의, 가치 미래에의 수많은 상징들을 하나의 슬로건으로 연결하려고 시도하였다. 그들은 미국 육군의 웹 사이트에서 다음과 같이 설명하려고 시도하기까지 하였다.

질문 : '하나의 육군'이 뜻하는 것은 무엇인가?
대답 : 하나의 육군은 미국 육군의 힘과 단합뿐만 아니라 병사들 개개인이 갖고 있는 육체적이고 정신적인 힘을 나타낸다. 그것은 병사들이 가지고 있는 독특한 재능인 개별성을 인정한다. 동시에 육군은 하나의 미션과 한 세트의 가치를 가진 하나의 힘이라는 것을 뜻한다. 육군은 연합한 팀으로 하나의 가족이다. 그것은 또한 현역, 주 방위, 예비역뿐만 아니라 ROTC와 미국 육군사관학교의 미래 지도력 사이의 통일성을 나타낸다.

THE LEADER'S VOICE

만일 여러분이 어떤 상징을 설명하기 위해 열심히 작업해야 한다면 그것은 이미 효과적인 상징이라고 할 수 없다! '하나의 육군' 선전 문구는 발단에서부터 실패하고 있으며 받아들여지기보다는 오히려 거부감을 불러일으켰다.

행동 이해하기

리더가 성자이든 죄인이든 관계없이 그의 행동은 가치, 비전, 그리고 전략을 상징적으로 전달한다. 간디는 전형적인 본보기이다. 그는 바닷가로 걸어가서 소금을 만들었다. 그는 하루 가운데 한 시간을 물레로 실을 잣는 데 썼다. 그의 목표는 소금을 만들거나 자신의 옷을 짜는 것이 아니라 인도의 자치에 대한 희망을 상징적으로 보여주는 것이었다. 처칠은 응접실 잔재주를 사용하여 자신이 동의하지 않음을 상징적으로 나타냈다. 그는 종종 길고 빳빳한 종이를 오려 담배 중앙에 밀어넣었다. 반대자가 의회의 단상을 차지할 때 그는 이 담배에 불을 붙였다. 마침내 모든 시선이 길게 늘어나는 담뱃재의 길이에 못 박히게 되면서 청중들은 발표자로부터 분리되곤 하였다. 사우스웨스트 항공의 허브 켈러허는 할리 데이비슨 오토바이를 몰고 미팅 장소에 나타나곤 하면서 자기 회사의 모험 정신을 표현했다. 테드 터너는 목욕 가운을 걸치고 유서 깊은 CNN 뉴스 룸을 거닐어 기행적이면서 신선하게 비즈니스를 접근하는 예를 보여주고자 하였다. 이러한 행위들은 이들 리더들의 이야기에 인격적인 특질을 더해주었다.

마크 번스타인(Mark Bernstein)은 자신의 위대한 책인 『유쾌한 기행 :

뒤섞인 메시지

우리는 인터넷을 검색하여 여러 웹 사이트에서 훌륭하게 혼합된 은유들을 찾았다.

우리가 좋아하는 것들은 다음과 같다. 일부는 우리가 직접 만든 것이다.

•출처 : 캘빈 대학 영문학부, www.calvin.edu/academic/engl/mixmet. htm ; 개리 해리스(Gary Harris), www.mixnmangle.com/mix—net

* You' ve buttered your bread, now lie in it.
  · 여러분은 여러분의 빵에 '버터' 를 발라놓고, 이제 그것을 베고 누워 있다.
    [버터 = 아첨, 누워 있다(lie in) = 속이다]

* Clearly we have opened a Pandora' s box of worms here.
  · 분명 우리는 이곳에서 '벌레' 의 판도라 상자를 열었다.
    [벌레(worm) = 컴퓨터 바이러스]

* I' ve hit the nail on the jackpot.
  · 나는 '잭팟' 의 징을 맞혔다.
    [카드 잭팟(jackpot) = 거액의 상금 , 징(nail)을 때리다(hit) = 대박을 터뜨리다]

* He' s not playing with a full house.
  · 그는 '풀 하우스' 로는 도박하지 않는다.
    [카드 놀이에서의 풀 하우스(full house)와 사람으로 가득찬 도박장 의미]

* It' s on the tip of my frontal lobotomy.
  · 그것은 나의 전두엽의 '끝' 위에 있다.

* It was so cold last night I had to throw another blanket on the fire.
  · 지난밤에 너무도 추워 나는 난로에다 또 다른 '담요' 를 던져야 했다.

* It' s not rocket surgery.
  · 그것은 '로켓' (겨자과 식물) 수술은 아니다.
    [로켓(rocket) = 공중 발사체 추진 연료, 겨자과 식물]

* I' m shooting from the seat of my pants.
  · 나는 내 바지의 엉덩이 부분부터 급하게 '쏘아대고' 있다.
    [쏘다(shoot), 내던지다]

* Rattle some feathers.
  · '깃털' 몇 가닥 덜커덕거리게 흔들다.
    [rattle = 흔들다, 두들겨패다 feather = 깃털, 하찮은 사람]

* A whole new ball of worms.
  · '벌레' 들의 완전히 새로운 무도회

* That's a hard bubble to crack.
  · 저것은 깨기 어려운 '거품' 이다.

* That meeting sucked like a train wreck.
  · 그 모임은 빨아올리는 것 없이 열차가 충돌할 때처럼 '헛김 나는' 소리를 냈다.

* Grasping at the straw that broke the camel's back.
  · 낙타의 등을 부러뜨린 '지푸라기' 붙잡기

* I'll burn that bridge when I got there.
  · 내가 건너편에 도착할 때 저 '다리' 를 태워버릴 것이다.

* Up a tree without a paddle.
  · 물갈퀴 없이 나무 오르기

* Robbing Peter to pay the piper.
  · 비용을 지불하기 위해 '비영' 이를 강도짓하기

* You smoke like a fish.
  · 당신은 물고기처럼 담배 핀다.

* Start at square zero.
  · '영승' 에서 시작하라.

* Like ducks on a wire.
  · 전선 위의 '오리' 처럼

* I wouldn't buy this book if you gave it to me.
  · 당신이 이 책을 내게 주면 그것을 사지 않겠다.

세기를 넘어 : 데이톤과 미국의 발견(Grand Eccentrics : Turning the Century : Dayton and the Inventing of America)』에서 전설적인 찰스 케터링 (Charles Kettering)에 대한 이야기를 싣고 있다. 케터링은 NCR를 위해 1905년에 전기금전등록기를 발명하고, 1908년에 자동차 점화 시스템을 개선하였으며, 1912년에는 자동차 업계 최초의 전기 스타터를 자신이 세운 델코(Delco)를 통해 캐딜락에 공급하였다. 1919년까지 그는 GM의 연구소 임원으로 있으면서 고 옥탄가(價)의 노킹 현상이 없는 휘발유, 가벼운 2-사이클 디젤 기관차 엔진, 그리고 다른 중요한 발명품들을 개발하였다.

케터링은 오하이오 주 데이톤에 살면서 디트로이트로 통근하였다. 그는 다른 모든 임원들보다 빠르게 네 시간 이내에 오갈 수 있다고 가끔 자랑하였다. 그의 비밀은 교통량이 많은 시내 중심의 25번 주도를 우회하여 곁길로 다니는 것이었다. 어느 날 동료 임원이 그와 함께 가면서 그 비밀을 알게 되었다. 그는 케터링에게 불평하였다. "당신은 정상적인 루트로 다니지 않는군요." 케터링은 그의 말에 이렇게 대답했다. "당신이 명백한 길을 택하고자 한다면 어디에도 제대로 도착할 수 없습니다. 당신이 이 세상에서 무엇인가를 이루고자 한다면 25번 도로는 타지 말아야 합니다."

리더들은 또한 역사와 결부시키는 행동을 하곤 한다. 퍼스트레이디 로라 부시는 최근 여성 CEO들에게 행한 어떤 연설에서 오스틴에 있는 텍사스 주의회의 계단 위에서 겪게 된 경험을 들려주었다. 그곳에서 그녀는 여성 참정권 75주년을 기리며 자신의 어머니를 비롯한 많은 사람들과 함께 축하하고 있었다. 어느 순간 그녀는 참정권 운동이 시작될

무렵에는 자신의 어머니는 겨우 아기에 불과했으며, 따라서 자신의 딸들 가운데 한 명이 단지 여성이라는 이유로 투표권을 거부당한다고 가정해보는 일조차 어려웠을 것이라는 사실을 떠올리게 되었다고 한다.

행동은 종종 덜 극적이면서도 그 효과는 크다. 언젠가 임원들 모두가 바쁘기 짝이 없는데 온종일 진행되는 리더십 개발 프로그램에 참석해야 한다는 명령을 받은 어느 회사의 사례를 우리는 기억하고 있다. 이 회사의 임원들 대부분은 가고 싶어하지 않았다. 업무 현장과 동떨어진 회의실에 도착했을 때 우리는 참석자 모두가 긴장하고 있음을 느낄 수 있었다. 프로그램 진행 담당자는 저항을 예상하고 있었다. 그는 "여러분 가운데 많은 사람들이 실제로는 여기 있지 않았으면 하고 바라고 있지요?"라고 물었다. 많은 손들이 위로 올라갔다. 어떤 얼굴은 "지금 나가도 되겠습니까?"라고 말하는 것처럼 보였다.

프로그램 진행 담당자는 잠시 가만히 있더니, "여러분들은 너무 바쁘게 운전하고 있어서 차를 멈추고 기름을 넣지 못한 적이 혹시 있습니까?"라고 물었다. 몇몇 사람이 웃으면서 머리를 끄덕였다. 마침내 한 임원이 "예, 그런 적이 있습니다. 그리고 지금 제 차는 주차장에 시동이 걸린 채로 있는데 키를 뽑지도 않은 채 잠갔습니다"라고 외쳤다. 그가 심각하게 이런 얘기를 했는지는 알 수 없었지만 모두가 크게 웃었다. 웃음이 참가자들의 긴장을 누그러뜨렸고 이날 모임의 의미를 느끼게 해주었다. 프로그램 진행 담당자가 사용한 이 간단한 모임 시작하기는 모두에게 성공을 향해 그날 하루를 다시 구성하도록 만들었다.

오래가는 상징들

어떤 상징들은 자연이라는 어머니와 시간이라는 아버지만큼이나 오랫동안 지속되는 듯이 보인다. 다른 상징들은 너무도 우려먹은 나머지 시렁에 쌓인 채 곰팡이 냄새가 나는 것도 있다.

코닥(Kodak)의 1990년 결산 보고서는 흰 파도 래프팅 여행을 디스플레이하고 있다. '영원한 흰 파도'라는 상징성은 근로자들과 투자자들에게는 결코 잊혀지지 않았다. 흰 파도 상징이 적절했던 것은 분명하지만 이는 독창성의 힘을 결여한 것이었다. 이러한 은유가 당시에는 널리 사용되고 있었기 때문이다.

사실 로게인(Rogaine)도 탈모의 위험성을 설명하기 위하여 흰 파도의 급류를 사용하였다. 그들은 자신들의 제품을 판촉하기 위해 강물 래프트에 엎드린 여러 명의 대머리 남자를 소재로 한 비디오를 제작하였다. 짧은 기간 동안에 반복적으로 사용하면 상징에 피로감을 누적시키고 그 효과를 잠식할 수도 있다. 그것은 너무 귀에 익은 농담을 하거나 혹은 오직 한 가지 농담만을 사용하는 것과 마찬가지다.

그러나 새로운 문맥 속에서 친근한 상징을 사용한다면 참신한 의미를 부여할 수 있다. 제1차 세계 대전이 일어나기 전에 젊은

> 어떤 상징들은 자연이라는 어머니와 시간이라는 아버지만큼이나 오랫동안 지속되는 듯이 보인다. 다른 상징들은 너무 우려먹어서 시렁에 쌓인 채 곰팡이 냄새가 나는 것도 있다.

대위 더글러스 맥아더는 대통령 윌슨에게 주 방위군을 전투에 참전시키는 계획을 타진해야 했다. 당시는 남북 전쟁의 기억이 오늘날의 베트남 전쟁처럼 사람들의 마음에 생생하던 시절이었다. 남북 전쟁에 참전했던 군인들은 여전히 퍼레이드를 했으며, 군 복무 중인 젊은 친구들에게 전투담을 들려주곤 했다. 각 주는 주 방위군 부대와 단단히 결합되어 있었다.

그러나 사실은 남북 전쟁이 끝난 지 50년이나 지난 후였다. 주 정부는 주 방위군에 대한 요구 사항을 크게 완화하였으며 그 결과로 리더십, 훈련, 그리고 연습이 부족한 부대가 되어버렸다. 이러한 상황을 개선하기 위해서 육군성은 주 방위군 부대를 정규군에 완전히 통합시키기를 원했다. 육군성의 제안은 논쟁을 불러일으켰으며 그다지 인기가 없었다.

맥아더 대위는 백악관에 다른 아이디어를 내놓았다. 그는 주 방위군의 시민군들은 미국 민주주의의 중요한 부분이라고 단언하면서 그 부대를 정규군에 온전히 통합시키는 것에는 반대하였다. 대신에 그는 각 주에서 병력을 차출하여 '무지개처럼 온 나라 위에 펼쳐지는' 사단을 창설하자고 제안하였다. 정규군 육군 장교들이 이 사단을 지휘하고 훈련시킬 것이며, 각각의 주는 긍지를 가지고 자기들의 대표를 제공해줄 것이라고 하였다. 윌슨 대통령은 그의 계획을 채택하였고, 이렇게 하여 위대한 42 무지개 사단이 창설되었다. 그들은 제1차 세계 대전 동안 내내 뛰어난 활약을 보여주었다.

철학과 이론

그러므로 내가 저희에게 비유로 말하노라 ; 저희가 보아도 보지 못하며, 들어도 듣지 못하며, 진실로 깨닫지 못함이니라.(마태복음 13장 13절)

철학이라는 단어는 여러 가지 정의를 가지고 있다. 그 중에는 지혜에 대한 사랑을 실천하고, 지식에 매력을 느끼고, 사고의 리더를 추종한다는 정의도 들어 있다. 철학은 전문적으로는 논리, 과학, 그리고 수학의 원리를 담고 있다. 그러나 사회적, 정치적, 존재론적, 그리고 종교적인 관점을 설명하는 데 일반적으로 사용되고 있다.

철학적 상징은 우리의 감정적이고 사회적이며, 정신적인 생활에 대한 이해와 정의, 그리고 통합을 추구한다. 철학은 우리의 감정과 믿음에 호소하여 우리의 가치와 신념을 체계화시킬 수 있게 한다. 그리고 커뮤니케이션을 철학적으로 하는 것에는 이야기, 비유, 신화, 의식, 그리고 축가 등이 포함된다.

이론은 우리의 물질적인 우주를 체계화하고 설명한다. 이론가들은 서로 연관이 되고 검증할 수 있는 사실들을 합당하게 조립하고 체계화하여 이론을 이끌어낸다. 관찰을 통해 이론의 유효성을 시험함에 따라 이론은 변화한다. 이러한 상징적인 체계는 믿음에 관한 것이라기보다는 증명에 관한 것이다. 이론적인 커뮤니케이션은 수학 방정식, 화학 기호, 다이어그램, 차트, 그래프, 청사진, 그리고 표를 통해 이루어진다.

이야기 리더들은 말한다

여러분은 전화번호를 기억하고, 수 년 전에 들은 이야기의 자세한 내용을 떠올리기 위해 아직도 애쓰고 있는가? 바로 지금 여러분 회사의 가치를 다른 어떤 것을 참고하지 말고 암송해보라. 좋다. 이제 십대 때의 노래 수십 곡 가운데 하나를 불러보라. 여러분은 좋아하는 동화, 영화 장면, 또는 소설을 회상할 수 있는가? 여러분이 참석한 어느 모임의 종료 연설이 끝난 후 여러분은 무엇을 기억하는가? 바로 이야기이다. 여러분의 마음은 이야기를 모으고 기억할 수 있도록 설계되어 있다. 마음은 생생하게 경험한 것뿐만 아니라 생생하게 상상한 것을 오랫동안 유지한다.

안토니오 다마시오 박사는 이야기와 관련하여 이렇게 이야기한다.

> 이야기를 말하는 것은 일어난 것을 두뇌 지도의 형태로 기록시키고 있다는 의미에서 아마도 두뇌 사로잡힘이다. 그리고 진화의 관점과 이야기들을 창조해내는 데 필요한 복잡한 신경 조직의 관점에서 볼 때, 이야기를 말하는 것은 비교적 인지 발달 초기에 시작한다. 그리고 이야기를 말하는 것은 사실상 언어를 위한 조건이므로 언어보다 앞선다. 그리고 그것은 대뇌의 피질에 기초하지 않고 두뇌의 다른 어딘가에, 그리고 우뇌와 좌뇌 모두에 기초하고 있다.

이야기는 설명할 수 없는 것들을 설명한다. 태양은 왜 매일 아침 떠오르는지, 날씨는 왜 변하는지, 신은 어떻게 신이 되었는지, 그리고 어머니들이 죽으면 어디로 가는지 등등의 신비를 설명하기 위해서 모든 문화가 이야기를 사용하였다. 신화, 전통, 도덕성, 그리고 종교적인 이야기들이 어린이들에게 그들이 이해할 수 있는 방식으로 복잡한 것들을 가르친다. 신경학자 올리버 삭스(Oliver Sacks)는 다음과 같이 말한다.

추상적인 사고가 더 이상 아무 것도 제공할 수 없을 때에 상상적인 형태의 상징과 스토리 속에 들어 있는 구체적 현실성, 즉 세계에 대한 감각을 주는 것은 바로 이러한 설화적이거나 상징적인 힘이다. 어린이들은 유클리드를 따르기 이전에 성경을 따른다. 그 이유는 성경이 유클리드보다 단순하기 때문이 아니라 (오히려 그 반대이다), 상징적이고 설화적인 형태로 주어지기 때문이다.

외적인 부분에서 꼭 들어맞지는 않지만 내적인 부분에서는 완벽하게 들어맞는 이야기를 비유라고 부른다. 비유는 사실·감정·상징이라는 세 가지 경로가 통합된 두뇌 전체를 사용하여 커뮤니케이션을 이루어간다. 잘 만들어지고, 잘 전달된 이야기는 그 속에 세부적인 사항, 대화, 그리고 드라마를 포함하기 때문에 매력적이고 기억하기 쉽다.

마릴린 칼슨 넬슨(Marilyn Carlson Nelson)은 칼슨 컴퍼니(Carlson Companies)의 회장 겸 CEO이다. 이 회사는 래디슨 호텔, 래디슨 세븐 시즈 크루즈, T.G.I. 프라이데이, 칼슨 트래블 등의 브랜드를 소유하고 있다. 하루는 마릴린이 미네소타 주 세인트 조셉에 있는 세인트 베네딕트 여자대학의 다양성 회의에서 연설을 하던 중이었다. 그녀는 개인의 책임감, 주도력, 그리고 결심의 중요성에 대한 주장을 밝히기를 원했다. 그녀는 개인적인 이야기를 말하기 위해 다음과 같은 내용을 골랐다.

……내가 진정으로 말하고자 하는 것은 개인의 책임입니다. 나는 어릴 적에 이것에 대해 많은 것을 배웠습니다.

내가 어린 소녀였을 때 어느 일요일 내 가족은 교회에서 집으로 돌아오는 길이었습니다. 그때 나는 당시 다니고 있던 주일학교가 총체적인 재난이라고 느껴져 정말 당황했습니다. 내가 재난이었다고 표현하는 것은 소년들이 종이를 입으로 씹어 둥그렇게 뭉쳐서 던져대는 등등의 사건들이 많이 있어서입니다. 그래서 나는 주일학교에 가는 것을 그만두고 대신 어른들과 함께 설교를 듣겠노라고 부모님께 얘기했습니다.

나는 부모님이 내가 성숙해서 주일학교에 가는 것보다는 설교를 듣는 것이 더 좋다고 생각하실 것이라고 추측했습니다. 그러나 이와는 반대로 아빠는 화를 내면서 크게 당황했습니다. 그리고는 "아니야, 너는 주일학교에 계속 다녀야 해"라고 말했습니다.

나는 저항하며, "하지만 저는 설교로부터 보다 많은 것을 얻고 싶어요" 하고 말했습니다.

그러자 아빠는, "만일 주일학교가 싫다면 네가 그것을 바꿔라"라고 얘기하시더군요.

아마 그때 나는 11살이었고, 우리는 미네아폴리스 시내에 있는 커다란 교회에 다니고 있었습니다. 이 무렵이 아빠가 내게 주일학교를 바로잡으라고 얘기했던 시점이었습니다. 나는 정말 그렇게 했습니다.

엄마는 나를 구원해주려고 "오, 커트, 그것은 합리적이지 못해요"라고 말했는데, 그때 아빠는 엄마에게 정말 화를 냈습니다. 아빠는 항상 고집을 부리셨고 나는 이기지 못할 것을 알기 때문에 울기 시작했지요.

그렇게 해서 좋아진 것은 없었습니다. 우리가 집에 도착했을 때 아빠

는 나를 내 방으로 올려보냈고, 그 후에 나는 내가 주일학교에 대해 잘못
되었다고 생각한 것들과 내가 생각하기에 이것을 고칠 수 있는 방법들을
조목조목 적은 리스트를 들고서야 아래층으로 내려올 수 있었습니다.

그러자 엄마는 주일학교 감독의 전화번호를 알아내야 했고, 나는 그
에게 전화를 걸어 약속을 정해야 했습니다. 사태가 어떻게 진전될 것으
로 내가 생각했는지 상상할 수 있습니까? "아, 안녕하세요? 저는 마릴린
칼슨입니다. 아시다시피 저는 6학년입니다. 주일학교를 고치기 위해 몇
가지 제안을 드립니다." 여러분도 상상할 수 있듯이 정말 큰 사건이 일어
났다고 나는 생각했습니다.

결국에는 감독이 "진짜 우리는 주일학교에 대해 걱정을 많이 하였고
너의 아이디어에 정말로 고마워해야 하겠구나"라고 말했습니다.

정말 큰 사건이 일어났습니다. 항상 나의 죄에 대한 벌에 어느 정도는
관련이 있는 것처럼 보이는 나의 엄마는 주중에 시내 교회까지 나를 차
로 데려다 주셔야만 했고, 우리는 모임을 가졌고, 그 모임에 다른 애들을
포함시켰으며, 결국 그 주일학교를 고치게 되었습니다!

칼슨 회사는 『포춘(Fortune)』이 2002년 2월 4일자에서 선정한 '미국에
서 가장 일하기 좋은 회사 100위' 안에 들어가 있다. 잡지 『워킹 우먼
(Working Woman)』은 일하는 어머니들을 위한 가장 좋은 회사 100위 안
에 칼슨을 포함시켰다.

3-D 화법 : 자세한 내용, 대화, 그리고 드라마

한번은 발보린(Valvoline)의 임원인 조디 루이스(Jody Lewis)와 미팅을 갖고 있는 중에 전화벨이 울렸다. 그녀의 3살짜리 아들 코너가 랩탑을 찾고 있었다. 조디는 아빠에게 물어보라고 대답했다. 전화 통화를 끝내고 나서 조디는 자기와 자기 남편이 배변 훈련의 일환으로 코너의 랩탑을 치워버렸다고 설명했다.

다음은 이 사건이 어떤 식으로 상세한 내용과 대화, 그리고 드라마의 삽입을 통해 이야기가 되어가는가를 보여주고 있다. 이 이야기는 급변하는 기술과 다음 세대의 힘을 잘 보여주는 효과적인 은유이다. 보이드 클라크는 이 이야기를 이런 식으로 말한다.

조디 루이스는 발보린 인스턴트 오일 체인지, 또는 VOIC로 알려진 애쉬랜드 오일의 소매 사업부에 근무하는 정열적이고 재능 있으며 한창 젊은 임원이다. 그녀가 자기 사무실에서 강도 높은 계획을 세우고 있던 중이었다. 전화기가 울리자 그녀는 반사적으로 스피커폰 버튼을 누르고 "조디입니다"라고 받았다.

"엄마, 엄마. 내 랩탑이 어딨어?"라고 말하는 작고 귀여운 목소리가 울려왔다. 그녀의 3살박이 아들 코너로부터 걸려온 전화였다. 나 또한 4명이나 되는 아이들을 가졌기에 조용히 조디에게 미소를 지으면서 그들의 놀라운 대화를 들었다.

"안녕, 귀염둥이"라고 그녀가 말했다.

"엄마, 내 랩탑을 못 찾겠어."

"코너야, 가서 아빠를 찾아. 그러면 네 컴퓨터를 어떻게 찾는지 말해주실 거야. 됐지?"

"됐어, 엄마. 그런데 나는 내 랩탑을 원해."

"알고 있지, 그럼. 귀염둥이야. 가서 아빠를 찾아 말씀드리렴. 안녕. 조금 후에 집에서 보자. 사랑해, 코너야."

코너의 아버지는 켄터키 주 렉싱턴에 있는 그들의 집에서 재택 근무하는 재무 상담가이다. 나는 코너가 작은 '피셔−프라이스' 또는 '말하기와 철자 쓰기' 컴퓨터를 찾지 못한 것을 깜찍하다고 생각했다. 하지만 그게 아니었다. 그것은 IBM 싱크패드였다. 코너는 그것을 사용하여 색깔, 숫자, 그리고 낱말을 배울 뿐만 아니라 몇 가지 신나는 게임도 하고 있었다.

조디는 전날 밤에 가족 회의를 열었다고 나에게 부연 설명을 해주었다. 그들은 코너에게 커다란 어린이용 변기의 사용법을 배우기 전까지는 랩탑을 사용할 수 없다고 설명했다. 이 작은 아이는 변기 훈련이 안 되어 있고 자신의 싱크패드만 있으면 그야말로 좋아하고 잘 논다. 대단히 감사한 일이다.

보이드는 그러고 나서 자신의 컴퓨터에서 코너의 사진을 보여준다. 그 사진의 캡션은 '당신의 경쟁자를 만나보라' 이다.

여러분의 수많은 개인적 경험들은 그저 간단하게 자세한 내용과 대화, 그리고 드라마를 덧붙임으로써 훌륭한 이야기가 될 수 있다.

우리는 여러분이 모든 형태의 상징에 익숙해지기를 바라지만 이야기하기를 배우는 것이 가장 필수적이다. 이야기하기는 경영 분석처럼 연습을 통해서 향상시킬 수 있는 일종의 기술이다.

7

THE SOUND OF SILOS

지하 저장소의 소리

주제는 커뮤니케이션의 실을 만들어낸다

커뮤니케이션이란 아름다울 정도로 단순하지만 달리 보면 심하게 고통을 받을 정도로 복잡하다.

우리는 사실, 감정, 상징으로 커뮤니케이션을 하지만 그 이상의 무엇이 더 있다. 이 장은 커뮤니케이션을 연결하는 세 가지 중요한 역학에 관한 것이다. 우리는 그것을 수준, 사분면, 그리고 주제라고 부른다.

상대방과 연결하기 위하여 리더들은 다양한 수준에서 사실, 감정, 그리고 상징을 가지고 사소한 것부터 개인적인 것까지 이야기해야 한다. 리더들은 공적인 커뮤니케이션을 해야 할 때가 언제이고, 사적으로 커뮤니케이션을 해야 할 때는 언제인지를 알아야만 한다. 그리고 그들은 또한 단순한 몇 가지 주제를 자신들의 커뮤니케이션에 통합하는 것이 중요하다는 점을 알아야 한다. 모든 것을 이야기하는 리더들은 아무 것도 이야기하지 않은 것과 같다.

뛰어들라! 뛰어들라! 뛰어들라!

복도에서 누군가의 옆을 지나치면서 "안녕하세요?"라고 인사를 건네면 상대방은 "네. 안녕하세요"라고 응답을 한다. 지금까지 서로 연결되어 있지 않던 상대와 이렇게 인사를 주고받는 것은 커뮤니케이션의 첫 수준이라 할 수 있는 '사교적(social)' 커뮤니케이션을 보여준다. 사교적 커뮤니케이션은 옷과 같다. 사교적 커뮤니케이션은 그다지 중요하지 않은 사항, 개인적인 자기 정체성, 또는 생활 방식 등 태도와 관련하여 쉽게 해독할 수 있는 정보를 전달한다. 옷과 마찬가지로 사교적 커뮤니케이션은 일시적이고, 자동적이며, 유행에 따라 변한다. 영국의 인류학자 로빈 던바(Robin Dunbar)는 영장류의 커뮤니케이션에 관한 전문가이다. 그는 풍부한 데이터를 동원하면서 인간 영장류는 사교적 커뮤니케이션을 통해 서로를 가르친다는 무척이나 호기심을 불러일으키는 주장을 제기하고 있다. 가십이나 최신 일기예보, 헤드라인 뉴스 혹은 최근 스포츠 경기의 득점 얘기 등등은 저녁 식사 자리에서의 가벼운 잡담을 위해 필요하다. 이메일은 멀리 떨어져 있는 이웃들과 사이버 울타리를 뛰어넘어 잡담을 주고받을 수 있는 기회를 제공한다. 만일 사람들에게 사교적 커뮤니케이션이 필요하지 않았다면 이메일이 결코 그렇게 빨리 보급되고 수용되지는 않았을 것이다.

항상 중요하거나 복잡한 문제에 대해서만 얘기해야 한다면 이는 정말 피곤할 일임이 틀림없다. 하찮고 감질나게 하는 대화라고 해도 공통의 입장을 발견하고, 상호간에 유사한 흥미를 개발하며, 사교적 연결을 유지하는 데 많은 도움이 된다.

여러분은 비행기나 열차 안에서 옆에 앉은 어떤 사람과 서로 통성명도 하지 않은 채 대화를 나누거나 아이들에 대한 재미있고 조금은 중요한 이야기를 주고받은 적이 있는가? 여러분은 온라인 채팅 룸에서 상대방의 실제 정체에 대해서는 아무 것도 모르면서 생생한 대화를 가져본 적이 있는가?

커뮤니케이션의 두번째 수준은 '의미 있는(significant)' 커뮤니케이션 수준이다. 이 수준에서 우리는 온라인 채팅과 같은 유행보다 더 저변에 있는 보다 중요한 수준의 문제로 미끄러져 들어간다. 우리는 우선순위, 관계, 문제 해결, 그리고 목표에 대해 얘기한다. 만일 여러분이 정치나 회사의 이익, 종교 또는 비즈니스 전략에 대해 토론한 적이 있다면 커뮤니케이션이 중요하며 이는 대인 관계에 관련된 일임을 알게 될 것이다. 조직 구성원들은 자신이 깊이 느끼고 믿는 바를 분명하게 밝히는 리더 편에 서면서 그와 동일한 태도를 취하고자 할 것이다. 우리는 또한 우리가 직면하면서도 가끔 회피해버리는 절박하고 복잡한 문제에 대해 토론하는 과정에서 리더가 도움을 주기를 기대한다.

조지앤 스미스(Georgianne Smith)는 리더십 커뮤니케이션에 대한 연구를 주제로 석사 학위 논문 작업을 진행하면서 우리의 리더십 커뮤니케이션 모델을 공개 포럼에서 사용하였다. 그녀는 리더가 '구성원의 감정을 정확하게 해석하고', '구성원을 이해하며', 그리고 '구성원의 의견과 신념에 대하여 같은 태도를 취할' 때 그들과 함께 감정 이입을 경험하게 되고, 그들을 고무시킬 수 있는 커뮤니케이션을 하게 된다는 사실을 발견하였다.

커뮤니케이션의 세번째 수준인 '친밀한(intimate)' 커뮤니케이션은 가장 깊이 있는 수준이다. 이는 보통 배우자, 친한 동료, 신적 존재를 위해 깊이 숨겨두기 때문에 우리가 공개적으로 드러내기를 주저하는 두려움과 갈망을 전달한다. 친밀한 수준의 커뮤니케이션은 개방성, 높은 신뢰, 그리고 취약성을 특징으로 한다. 가끔 리더들은 개인적인 신념을 친밀한 대화에 가깝다고 느낄 정도로 공개적으로 발표한다. 그러나 대부분의 경우에 친밀한 커뮤니케이션 수준은 매우 작은 집단을 위해 남겨진다.

리더들은 '사교적' 수준에서 시작하여 '의미 있는' 수준, '친밀한' 수준으로 전환해 나갔다가 다시 되돌아오곤 한다. 그들은 사실, 감정, 그리고 상징을 사용함으로써 구성원들이 각 수준 상호간의 전환을 이해하도록 돕는다.

<u>사교적(Social)   의미 있는(Significant)   친밀한(Intimate)</u>

우리는 이 세 가지 주요한 커뮤니케이션 수준을 설명하며 인간의 감정처럼 밝혀지지 않은 부분이 무한하게 다양함을 깨달았다. 모토롤라의 창업자 폴 갤빈(Paul Galvin)의 아들이며 현재 CEO인 크리스 갤빈(Chris Galvin)의 아버지가 되는 밥 갤빈(Bob Galvin)은 CEO로 재직하는 동안 경탄과 신뢰, 그리고 사랑을 듬뿍 받은 리더였다. 밥 갤빈과 함께 재직했던 구성원들은 그의 인간미를 포함하여 수많은 것들을 기억하고 있다. 우리는 수년 동안 모토롤라의 임원들과 일하면서 밥 갤빈에 관해 수많은 이야기를 들었다. 아래 얘기는 그 가운데 하나이다.

나는 갤빈을 공항에서 영접하여 호텔로 안내하라는 요청을 받았다. 차를 몰고 가는 도중에 그가 회사에 대해 어떻게 생각하는지 나에게 물었다. 조금 놀랄지도 모르겠지만 나는 CEO에게 진실을 있는 그대로 얘기했다. 그는 내가 능력도 있고 회사에 공헌할 수 있는 무엇인가를 가지고 있다고 생각했던지 나의 일과 그 일을 보다 잘하기 위해 필요한 것이 무엇인지에 대해 물었다. 그는 나의 가족에 대해서도 물었고 우리는 경력과 삶에서 우리 각자에게 중요한 것이 무엇인가에 대해 많은 얘기를 나누었다. 며칠 후 그는 자기를 태워준 데 대해, 그리고 일에 대해 자기와 솔직한 대화를 나눈 데 대해 감사한다는 짧은 편지를 보내왔다.

밥 갤빈은 커뮤니케이션을 할 때 여타 리더들이 하는 것보다 더 깊은

커뮤니케이션의 세 가지 수준

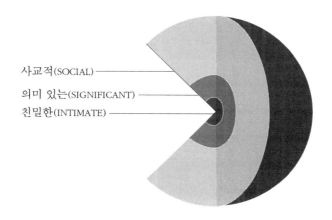

사교적(SOCIAL) ──────────
의미 있는(SIGNIFICANT) ──────────
친밀한(INTIMATE) ──────────

수준에서 끊임없이 연결을 하곤 했다. 많은 리더들은 보다 깊은 수준에서 커뮤니케이션하는 것을 원치 않는다. 깊은 수준에서 커뮤니케이션을 한다는 것이 대개는 너무 불편하고, 시간을 많이 잡아먹으며, 힘들다는 느낌을 주는 것이 사실이다. 그러나 여러분이 개인이나 집단과 보다 깊은 수준에서 연결하기를 원한다면 뛰어들어야 한다. 질문을 던지고 그 대답을 경청하는 것은 훌륭한 출발점이 될 수 있다.

영화에서는 종종 리더들이 커뮤니케이션을 할 때 그들이 우리를 어떻게 보다 깊은 수준으로 끌어가는지 극적으로 보여주곤 한다. 영화배우 덴젤 워싱턴은 1995년 영화 「크림슨 타이드(Crimson Tide)」에서 론 헌터 소령 역을 맡았다. 진 해크먼이 그의 상대역인 프랭크 램지 대령 역을 연기했다. 램지 대령과 헌터 소령은 러시아의 한 배신자 장군이 미국에 핵 미사일을 발사하려는 시도를 막기 위해, 러시아를 향해 핵 미사일을 발사하려고 준비하고 있는 미국 핵 잠수함 앨러배마에 탑승한 해군들이다. 그런데 이 두 사람은 권력 투쟁을 벌인다. 헌터는 사건 일으키기를 좋아하는 대령에 저항하여 반란을 결정하게 된다.

영화의 마지막 부분에서 미국의 핵 잠수함 앨러배마는 러시아 잠수함의 공격을 받는다. 그리고 그들이 핵 미사일을 발사시켜야 하는지를 확인할 수 있는 유일한 무선 통신이 고장난다. 이 위급한 문제를 해결하고자 여러 차례 시도하다가 절망에 빠진 헌터는 무선 통신실로 내려가 하급 장병 러셀 보슬러에게 직접 말하려고 한다. 헌터는 고장난 무선 통신 장비에 둘러싸여 맥을 못추고 있는 이 해병과 마주친다.

헌터는 "여기서 무슨 일이 진행되는지 알고 있는가?"라고 묻는다. 보슬러는 고개를 돌리지도 못한 채 희미하게 대답한다. "예, 알고 있습니다."

헌터는 정신이 혼란스러워져 있는 이 승무원이 정말 상황을 이해하고 있는지, 그리고 필요한 행동을 취할 수 있는지에 대해 확신하지 못한다. 헌터는 보슬러의 이해를 얻을 필요가 있어 그에게 사실을 툭 터놓고 다급하게 말한다.

"자네가 상황을 잘 알고 있다고 생각되지 않는군. 내가 자네에게 설명해주겠네. 만일 우리가 발사를 했는데 이게 잘못된 것이라면, 러시아에 남은 선택이란 우리를 향해 발사하는 것뿐이네. 그렇게 되면 상상을 초월하는 핵 대학살이 있게 될 것이네. 이것이 내가 알고 있는 전부이네, 보슬러 사병. 우리는 먼저 발사 명령이 철회되었는지 아닌지를 알아야 하네. 우리가 그것을 알 수 있는 유일한 길은 그 무선 통신기를 통하는 방법인데, 자네가 그것을 고치는가 못 고치는가에 달려 있다네. 이해하겠는가?"

보슬러는 입으로는 '예'라고 말하면서도 그의 눈과 몸짓은 여전히 '아니오'라고 말하고 있다. 헌터는 가라앉아가고 있는 무선 통신병을 그대로 두어서는 안 되는 중대한 상황임을 깨달으면서 '사교적' 수준에서의 상징을 사용하여 커뮤니케이션을 하려고 시도한다.

"자네 「스타트랙」 본 적 있나?" 그가 보슬러에게 묻는다. "자네 알지? 스타트랙. 미 우주함 '엔터프라이즈'?"

보슬러가 흥미와 이해를 보이며 눈을 크게 뜬다. 헌터는 계속해서 말한다. "클리온들이 엔터프라이즈를 날려버리려 할 때를 떠올려봐. 커크 대령이 스코티에게 소리지르지? 그는 '스코티, 나는 더 큰 힘이 있어야 돼'라고 말하지."

"그는 더 큰 보호막 속도를 필요로 합니다!"라고 보슬러가 무심코 내뱉는다.

그의 주의력을 끌어내게 되자 헌터는 이 은유를 '의미 있는' 수준으로 내려가게 한다. "나는 커크 대령이다. 너는 스코티다. 나는 더 큰 힘이 필요하다."

보슬러가 상황을 이해하기 시작하는 것을 보고서 헌터는 억양을 낮게 하여 가까이 당기면서 '의미 있는' 감정으로 강조한다. "내가 너에게 명령한다. 네가 이 무선 통신기를 살리지 않으면 십억 명의 사람들이 죽게 돼. 이제 모든 것이 너에게 달려 있다. 스코티, 너는 작동시킬 수 있는가?"

"예, 그렇습니다, 함장님." 보슬러가 응답한다.

공적인 커뮤니케이션과 사적인 커뮤니케이션

리더들은 공적으로 그리고 사적으로 의사를 전달한다. 그들은 이메일을 사용해야 할 경우는 어느 때이며, 손으로 쓴 짧은 편지를 사용해야 할 때는 언제인지를 결정한다. 그들은 전화를 걸어야 할 때는 언제이며, 부상당한 근로자나 도움이 필요한 고객을 위로하기 위해 비행기를 타야 할 때는 언제인지를 결정한다.

공적인 커뮤니케이션과 사적인 커뮤니케이션 사이의 구별이 항상 단순하지만은 않다. 그러나 단순화시키기 위해서 우리는 사적인 커뮤니케이션은 '1 대 1'로, 공적인 커뮤니케이션은 '1 대 다수'로 부를 것이다. 리더들은 또한 곧바로 커뮤니케이션을 할 것인지 아니면 미루어 두었다가 할 것인지 시간적인 구도를 짜고 그 구도 안에서 말한다. 직접적인 커뮤니케이션은 얼굴을 마주보고 수행하든 원격 회의나 화상 회의와 같이 기술의 도움을 받아서 하든 즉각적인 반응이나 대화가 가능하다. 음성 메일, 이메일, 그리고 손으로 직접 쓴 편지의 경우는 간접적인 커뮤니케이션 형태이다. 간접적인 커뮤니케이션 방식을 사용하게 되면 상대방의 반응을 확인하기까지는 시간이 걸린다.

집단 앞에서 얘기하는 것은 공적이며 직접적인 사건이다. 이러한 커뮤니케이션은 실시간에 마주보고 이루어지며 구성원들의 즉각적인 반응을 볼 수 있다. 리더가 이메일이나 음성 메일을 어느 한 개인에게 보낼 때 그는 사적이며 간접적인 사분면에서 커뮤니케이션을 하고 있는 것이다. 이러한 커뮤니케이션은 1 대 1이지만 얼굴을 마주보고 하는 것은 아니며, 따라서 반응은 지연된다.

우리가 서로 다른 내용의 메시지를 서로 다른 사분면의 방식으로 전

커뮤니케이션의 사분면

하려고 하면 거짓말 탐지기 바늘이 그래프 아래로 떨어지며, 커뮤니케이션의 내용에 대해 의문을 갖게 한다. 예를 들어 어느 리더가 관계성, 지역 사회, 그리고 협력에 대해 공적으로는 유창하고 설득력 있게 말을 잘한다고 가정하자. 그러나 그가 사적인 대화에서는 결코 그러한 개념들에 관해 말하지 않고 대신에 계속해서 가십 같은 것이나 언급한다고 하자. 그렇게 되면 대다수 사람들은 그의 공적인 얼굴이 정치적인 허울이거나 계획적인 행위 또는 빈틈없는 사기에 불과하다고 결론을 내릴 것이다. 비록 그것이 진짜라고 해도 그와 대단히 가깝게 밀착되어 있는 사람들을 제외하고는 명백히 모순된 이러한 행동을 아무도 이해할 수 없게 된다.

우리는 사실적, 감정적, 그리고 상징적 원칙을 공적인 커뮤니케이션의 예를 가지고 설명하였다. 그러나 간접적 사분면은 수많은 리더들에게 가장 큰 도전이다. 우리 가운데 많은 사람들이 이메일을 지나치게 남용하고 있다. 이는 반복적인 전자적 운동을 통해 가하는 일종의 상해 행위나 다름없다. 이러한 전자적 기술의 남용으로 인해 일어나는 긴장을 풀어줄 손쉬운 해결 방법은 달리 없는 것처럼 보인다. 하지만 다른 업무를 수행하면서 즉석에서 서로 메시지를 주고받을 수 있는 이메일 활용 능력을 제거해버릴 수도 없다. 그렇게 한다면 이는 중요한 성과를 이룬 커뮤니케이션 발전 단계를 뒤로 후퇴시키는 것으로 보일 것이다.

우리는 대량의 커뮤니케이션 능력을 가진 사회적 유아와 같다. 우리는 온 세상만큼이나 커다란 가상의 거실 중앙에 앉아 모든 사람들에게 주목하라고 외친다. 사람들은 사교적 커뮤니케이션을 하고자 하는 인간적인 경향을 가지고 있다. 이 경향은 효율적 업무 수행을 위한 즉석 메시지 발송이라는 회사 방침과 이해 상충을 일으키고 있다. 어쨌든 결과적으로는 온통 이메일만이 넘쳐나고 있다. 우리는 자신이 받는 이메일의 양에 대하여 불평을 늘어놓으면서 동시에 자랑도 하고 있다.

수많은 사람들이 케케묵은 생존 전략이라 할 '사자의 탈을 쓴 양'의 전략을 구사하면서 습관적으로 이메일을 지나치게 남용하는 나머지 전자 통신망을 질식시키고 있다. 대단히 사소한 결정이나 적은 양의 정보들까지 모두다 온 세상에 복사되어 돌아다닌다. 사람들은 가끔 "가봐야겠어. 100통도 넘는 이메일이 나를 기다리고 있을 거야"라고들 말한다. 그러나 이메일의 절반은 그야말로 최근 유행하는 농담이거나 누구누구의 생일 잔치에 대한 내용 등을 담고 있을 뿐이다. 정말 우스꽝스럽고 맹목적인 습관이다.

선 마이크로시스템즈(Sun Microsystems)의 존 게이지(John Gage)는 "선 마이크로에는 주요 조직도가 없다"라고 외쳐대면서 "중요한 것은 이메일의 트래픽 양이다"라고 말했다. 이렇게 이메일의 양을 둘러싼 경쟁의 양상을 보면서 우리는 이메일이 대단히 중요하다고 느낄지 모른다. 그러나 이메일의 양이 중요한 게 아니다. 리더라면 이메일이라는 수단을 사용하여 뭔가 의미를 창출해낼 수 있어야 한다. 이 책 『리더스 보이스』가 이메일의 범람을 막아주지는 못한다 하더라도, 여러분의 메시지가 보다 크게 강조되고 여러분의 조직 안에서 이메일이라는 통신 수단이 보다 중요한 역할을 수행하도록 도울 수는 있을 것이다. 이메일은 중요하면서도 효과적인 커뮤니케이션의 도구가 될 수 있다.

덴젤이 연기한 헌터 소령은 허구의 인물이지만 알렉 프레이저(Alec Fraser)는 그렇지 않다. 미국 해군 사관 학교를 졸업하지 않았으면서도 프레이저는 미국 해군에서 24년 간 구축함과 순양함의 함장으로 근무하였다. 그가 마지막으로 지휘한 USS 케이프 세인트 조지(CG 71)는 대서양과 태평양 함대 중에서 최우수 전투 준비함으로 애리조나 기념 트로피를 수상했다.

오늘날 프레이저는 터너 프로퍼티즈(Turner Properties)의 회장이다. 사실상 그는 CNN, 카툰 네트워크, TBS 수퍼스테이션, TNT, 터너 클래식 무비, 그리고 터너 방송 자회사의 주인이다. 480명의 직원은 전구를 갈아 끼우는 일에서부터 뉴욕에 있는 CNN 스튜디오 건설 관리에 이르기까지 모든 것을 취급한다. 그들은 보안, 주차, 공기 조절, 리모델링 그리고 수백만 달러의 건설 예산을 다룬다. 그들은 세계 곳곳에서 터너 방송을 위해 일하는 1만 명 이상에 달하는 사람들의 안전, 건강, 그리고 평안을 위해 일하고 있다.

그는 면담 중에 해군 재직 시절에 대해 얘기하면서 "군함에 승선할 때 나는 공식적 그리고 비공식적 커뮤니케이션에 초점을 맞추었다"라고 언급했다. 공식적 커뮤니케이션은 주로 손으로 쓴 작은 쪽지, 정책 방침, 내무 규칙 등으로 구성되었다. 프레이저의 첫번째 내무 규칙은 "어설프고 덜떨어진 행동은 안 된다"는 것이었다. 그러나 프레이저는 공식적 커뮤니케이션의 주요한 목적이 '쏠 때와 그렇지 않을 때'를 분명하게 하는 것이라고 말했다.

"함장이 모든 곳에 있을 수는 없다. 따라서 리더는 많은 시간을 잠재적인 위협과 변경된 규칙을 전달하는 데에 할애할 필요가 있다"라고 그는 언급했다. 프레이저에게 있어 비공식적 커뮤니케이션은 그저 '높은 다리 위에서 마이크를 집어들고 솔직하게 말하는 것'으로 간단하게 규정된다. 프레이저는 '무엇이 일어나고 있는지를 모든 사람에게 알리는' 리더십 커뮤니케이션 철학을 철저히 믿는다. 그가 사용하는 '공식적' 그리고 '비공식적'이라는 말은 공적 그리고 사적 사분면에서의 커뮤니케이션의 수준을 옮겨다니는 능력을 묘사한다. 그가 어설프고 덜떨어진 행동을 지적하는 것은 '사교적' 수준이지만 공적/간접적 사분면에 해당된다. 프레이저가 다리 위에서 대화하는 것은 공적/직접적 사분면이고, '사교적'인 수준과 '의미 있는' 수준 사이를 옮겨다녔다.

그의 해군 경력은 2001년 9월 11일에 일어났던 9·11 사태 이후에 특히 유용했다. "나는 군 복무 시절에 사용하던 함장의 방식으로 되돌아 갔다"라고 말했다. 애틀랜타 시내의 올림픽 기념 공원 길 건너편에 있는 CNN 센터는 사무실뿐만 아니라 식당가, 상가, 호텔까지 갖춘 공중

THE LEADER'S VOICE

건물이며, 건물 아래로는 철로가 지나간다. 연간 3백만 명 이상이 CNN 센터를 지나다니며, 30만 명 이상이 CNN 스튜디오를 관광하고 CNN의 뉴스 제작 과정을 견학한다. 프레이저는 군대 지휘관 출신만이 사용할 수 있음직한 말로 CNN 센터를 '방어하기에 험난한 장소'라는 말로 표현한다. CNN이 세계적인 뉴스 리더로 인정받고 있지만 그럴수록 더욱 더 적들이 노리는 잠재적인 목표물로 간주해야만 했던 것이다.

그래서 프레이저는 즉시 안전을 강화하고, CNN 스튜디오 관광을 중단시키며, 승용차가 철로를 사용하지 못하도록 철로에 타이어 못을 설치하는 등 수많은 안전 조치들을 취했다. 동시에 그는 이메일을 통해 1만 명이 넘는 터너 방송 전체 근로자들에게 '무슨 일이 일어나고 있는지'를 전했다. "이메일이란 공식적 커뮤니케이션 방법이었지만, 그 속에 전하는 언어들은 비공식적인 형태를 유지하려고 노력하였다."

NBC와 다른 매체에 탄저균이 든 소포가 전해졌다는 소식이 CNN에 접수되자마자 프레이저는 즉각 모든 우편물을 길 건너에 있는 트레일러로 옮겼다. 그는 다시 이메일로 방향을 바꾸었다. 2001년 10월 23일 발송한 프레이저의 이메일은 다음과 같이 시작한다. "저는 우리가 취하고 있는 수단들에 대해 여러분들에게 몇 분 간 간단히 설명하고자 합니다." 당시 그의 이메일은 근로자들을 위한 몇 가지 새로운 절차를 설명하고 있다. "이번 주에 추진한 수정된 편지 취급 절차는 잘 진행되고 있습니다." 프레이저는 직설적인 문장으로 9월 11일 테러 이후에 상황이 얼마나 많이 변했는지를 보여주고 있다. 이 이메일은 계속해서 "장갑과 마스크가 모든 장소에 배포되어 원하는 근로자들은 편지를 열 때 이것들을 착용할 수 있습니다"라고 적고 있다.

당연히 일부 근로자들은 편지가 가득 실린 길 건너 트레일러에 들어가는 것에 약간 신경질적인 반응을 보이곤 했다. 두려움을 진정시키기 위하여 프레이저는 안전 조치에 대한 근로자들의 수준을 한 단계 높이는 이메일을 매주 발송하였다. 그는 또한 터너의 회장 겸 CEO인 제이미 켈너(Jamie Kellner)와 함께 트레일러에서 편지를 개봉하는 일을 직접 하기도 했다. 신경을 누그러뜨리기 위해 그는 트레일러 안쪽 벽에 벨벳 차림의 엘비스 프레슬리 초상을 그리게 하고 바깥쪽에는 분홍색의 홍학 잔디밭 장식을 하게 했다. "우리는 트레일러가 그냥 트레일러로 느껴지기를 원하였다." 타이어 못, 홍학, 그리고 이메일을 가지고 알렉 프레이저는 다양한 사분면에서 그리고 다양한 수준에서 커뮤니케이션을 하였다. 프레이저에게서 무엇인가 배울 수 있지 않겠는가?

주제 : 커뮤니케이션의 벽돌쌓기

리더들은 몇 가지 주요한 주제를 이용하여 구성원들과 자신을 연결한다. 주제는 가끔 리더의 이념과 장기간에 걸쳐 실현될 회사의 이념 사이의 공통된 입장을 명확히 한다. 주제는 가치, 브랜드 속성, 소명, 그리고 철학을 나타낸다. 주제는 리더의 의제와 의도를 지지하고 드러내는 핵심 아이디어나 원칙들이다. 주제는 사람들을 중요한 아이디어에 연결하고 깊은 수준의 대화를 할 수 있게 만든다.

리더십 커뮤니케이션 전략에서 중요한 역할을 하는 주제는 우리가 정치 지도자들을 연구해감에 따라 처음부터 우리의 관심을 끌었다. 처칠, 대처, 간디, 호메이니, 호치민, 마오쩌둥, 레이건, 루스벨트, 마이어,

THE LEADER'S VOICE

케네디, 그리고 코라손 아키노와 같은 리더들은 가끔 운율이나 리듬을 가지고 몇 가지 중심 원리 또는 아이디어를 계속해서 강조하곤 하였다. 긴 세월에 걸쳐 성취해 나가야 할 의제를 위해 이들의 주제는 중심점 역할을 담당했으며, 군중 집회에서 사용하는 단순한 격려 문구는 아니었다. 그들은 주제가 분명하게 이해되고, 동의를 얻고, 사람들의 관심 속에 행동으로 옮겨지도록 하기 위해 사실, 감정, 그리고 상징을 사용하였다. 단순한 것을 복잡한 것에, 하찮은 것을 긴급한 것에, 그리고 시간의 제약을 받는 것을 영원한 생명력을 가진 것에 연결하는 역할을 주제가 담당하였다.

많은 비즈니스 전문가들은 GE의 전 CEO 잭 웰치의 '경계 없는 조직'과 인텔 회장 앤디 그로브(Andy Grove)의 '편집증'에 익숙한 편이다. 두 사람 다 각자의 주제를 오랜 기간 성공적으로 사용해왔다. 효과적으로 커뮤니케이션을 하는 사람들 또한 이와 유사한 기술을 사용하고 있다는 점을 우리는 알게 되었다. 텍사스 주 댈러스에 있는 앤커 홀딩스(Ancor Holdings)의 회장 티머시 J. 맥키븐(Timothy J. Mckibben)은 '창의력, 협력, 그리고 자기 향상'에 대해 끊임없이 설교함으로써 구성원 상호간의 결합을 끌어내면서 고성장을 거듭하는 기업 집단을 유지하고 있다.

주제는 네트워크 상에서 서로를 함께 묶어주는 커뮤니케이션의 맥락을 만들어낸다. 주제는 개개인들로 하여금 자신들의 목소리를 내도록 해준다. 만일 구성원들이 주제의 적절성과 장점에 대해 논의하고 논쟁하기를 원한다면, 여러분의 주제가 핵심을 찌를 만큼 강한 느낌을 주었다는 것을 알 수 있다. 주제는 새로 취임한 리더에게 장기간에 걸쳐 실현되는 회사 이념, 가치, 또는 정체성 위에 자신의 업적을 깊이 새길

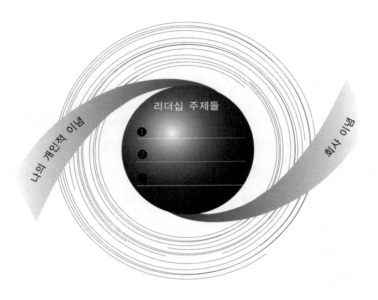

수 있게 해준다. 우리가 이 책을 쓸 즈음 제너럴 모터스(General Motors)
의 새로운 리더 밥 루츠(Bob Lutz)는 '위대한 디자인' 이라는 다소 닳고
산산이 조각난 주제를 재건하려고 시도했는데, 그로 인해 많은 논쟁과
흥분을 촉발시키게 되었다.

　잭 라우즈(Jack Rouse)는 잭 라우즈 어소시에이츠(Jack Rouse Associates)
의 창립자이며 CEO이다. 잭은 현재 사람들의 생활 공간에 주제 공원을
설계하는 일을 주된 사업 영역으로 삼고 있다. 놀랍게도 그는 과거에
오페라와 뮤지컬 극장의 교수로 일했다. 유니버설 스튜디오(Universal
Studios), 레고 랜드(LEGOLAND), 워너 브라더스(Warner Brothers), 시르크
뒤 솔레이유(Cirque du Soleil), 폭스바겐(Volkswagen), 그리고 그 밖의 많은

회사들이 그에게 '주제 경험' 창출에 관한 자문을 구하곤 한다. 잭은 주제가 곧 이야기는 아니라고 믿고 있다. "셰익스피어는 사랑과 복수라는 주제에 대해 썼다. 그 주제가 무대를 설정한다고 할 수 있다. 이야기는 그 메시지를 전달한다."

네트워크 상의 노드

사람들은 모여서 살아간다. 우리는 부족, 팀, 지역 사회, 그리고 국가를 만든다. 우리를 묶어주는 이러한 자연적인 역학은 또한 지하 저장소를 만들어냄으로써 다른 집단으로부터 우리를 단절시키는 데 일조를 하기도 한다. 팀의 정체성을 만들어내면 집단을 단결시키는 효과가 있지만, 한편으로는 집단의 구성원이 될 조건을 만들어내게 되고 이러한 조건이 너무 강력해진 나머지 네트워크 노드(node) 사이에서 다양한 커뮤니케이션 문제를 일으키며 그 집단을 다른 집단으로부터 고립시키는 작용을 하게 된다. 우리 자신의 연구와 경험을 통해 볼 때 집단이 약 3명, 8명, 12명, 그리고 33명이라는 구성원 숫자로 커질 때마다 집단 역학의 이동을 예상할 수 있다는 사실을 발견하였다. 즉 이 집단들은 각기 따로 노는 지하 저장소가 되어버릴 수 있다.

던바의 데이터를 통해 부족 사회로부터 현대의 군사적, 비공식적 동맹까지가 자연적으로 발생할 수 있음을 알 수 있다. 던바는 더 나아가 비공식적 커뮤니케이션 형식이 150명을 초과한 집단에서는 유지되기 힘들다고 설명한다. 비공식적인 사회 관계를 소화해낼 인간의 두뇌 능력이 150명에서 잠재 능력의 최고점에 도달하기 때문에 그렇다는 것이다. 따라서 150명을 초과하는 집단 수준에서 결합을 유지해 나가기 위해서는 제휴는 물론 종종 규칙, 규정 그리고 직급을 포함한 공식적인 체계가 필요해진다.

군대의 경우 기능적 단위의 최대 인원수가 200명을 초과하는 일은 극히 드물며 보통은 100명 선으로 제한된다. 오하이오 급(級) 탄도탄 잠수함 USS 앨러배마에는 장교 15명, 사병 140명이 승무원의 전부이다. 이러한 사실은 많은 군사 지도자들이 수세기에 걸쳐 실제 조직 운영에 적용하면서 발견해온 결과로 보인다. 로마 제국의 경우에도 백부장이 인솔하는 100명으로 구성된 기초 부대가 있었다.

빌 고어(Bill Gore)는 섬유와 직물 관련 제품에 전문 특화한 하이테크 회사 W. L. 고어 앤드 어소시에이츠(W. L. Gore & Associates)의 창립자이다. 전세계에 고어텍스(GORE-TEX)의 발명으로 잘 알려져 있지만 우리에게는 조직 행동에 관한 그의 견해가 더욱 중요하다. 그는 조직 구성원의 수가 150명을 초과하게 되면 집단의 생산성과 혁신의 성과가 점차 감소하는 것을 발견했다. 따라서 그는 공장의 인원이 150명을 넘지 않게 유지해오고 있다. 고어 앤드 어소시에이츠는 평면 격자 조직 형태를 채용하고 있으며 직함을 사용하지 않고 '~장' 이라는 용어 대신 '후원자' 라는 용어를 사용하고 있다. 150명 이하의 집단에서는 모든 사람이 비공식적, 사교적 연결을 통해서 다른 사람들을 알 수 있는 기능적 업무 집단을 만들고 유지할 수 있다.

가상 네트워크 세계에서는 비공식적으로 커뮤니케이션을 하는 자연적인 능력을 강조하고 있다. 150명 이상의 집단을 유무선 기술로 결합시키고 유지하기란 매우 어렵다는 점이 증명되고 있다. 가상 세계 속에서의 사람들은 함께 사는 것을 배움으로써 발전을 도모하고 있다. 빈번하게 다른 사람들과 얼굴을 마주하는 직접 접촉은 연결과 신뢰를 유지시킨다. 반면에 이메일, 원격 회의, 그리고 음성 메일은 리더들이 구성원들과 연결하는 능력과 구성원들이 상호간에 연결하는 능력을 강화해준다.

우리는 이러한 역학이 리더십 커뮤니케이션의 위기를 불러오고 있는 배후의 한 부분이라고 믿는다. 이렇게 시끄럽고, 새로우며, 네트워크화된 세계는 리더들로 하여금 보다 힘차고 유창한 목소리를 갖도록 요구한다. 그렇지 못하면 그들은 자신들의 지하 저장소를 잠수시키는 지휘관이 될 뿐이다.

주의와 흥미

리더들은 자신의 말을 구성원들이 듣게끔 할 수 있는 권한을 가져야 한다. 다른 사람들과 마찬가지로 리더들도 구성원들의 '주의'와 '흥미'를 얻기 위해 시간과 생각의 시장에서 경쟁하지 않으면 안 된다. 지하 저장소는 효과적인 커뮤니케이션을 가로막는 수천 가지 자연적 방해물 가운데 한 가지일 뿐이다. 냉소와 불신, 그리고 회의는 결과적으로 여러분의 메시지를 걸러버리거나 제대로 전달되지 못하게 하는 기능을 하게 된다. 메시지가 많은 환경이 될수록 이러한 경쟁은 더욱 격렬해진다.

많은 리더들이 자신들의 커뮤니케이션을 자기도 모르는 사이에 몰래 위장시키거나 수많은 의미 없는 잡담들과 무심코 혼합하기도 한다. 주의의 역학을 면밀하게 관찰해보면 우리가 경쟁하는 데 많은 도움을 받을 수 있다. 우리의 주의를 끄는 대상들은 그 강도, 반복성, 눈에 띄는 자질, 그리고 형태의 명확함 등을 포함하여 뭔가 특별한 성질들을 가지고 있다. 100개의 흰 구슬 가운데 있는 1개의 파란 구슬의 강도는 우리의 주의를 끌게 마련이다. 큐애드/그래픽스(Quad/Graphics)의 CEO인 해리 큐애드라치(Harry Quadracci)는 "리더가 해야 할 일은 똑같은 것을 다른 방식으로 계속 반복하여 얘기하는 것이다"라고 말한다. 독특한 음색을 가진 조용한 목소리는 시끄럽게 떠드는 수많은 목소리 속에서도 호소력 있게 들릴지 모른다. 이러한 특질들이 하나 이상 사용될 때 그만큼 더 주의를 끌고 흥미를 유발하게 된다. 사실 위장의 과학은 "강도를 희석시키고, 두드러진 특질을 제거하며, 배경에 대비되어 선명한 윤곽으로 존재하는 물체(또는 메시지)를 무디게 만들어 사라지게 한다"라는 해리의 이야기에 귀를 기울일 필요가 있다.

클리프 바토우(Cliff Bartow)는 데이브 브라운을 승계하여 현재는 룩소티카 리테일 그룹(Luxottica Retail Group)의 자회사가 된 렌즈크레프터스의 CEO가 되었다. 우리는 이 회사의 관리자 집단을 면담하여 클리프의 커뮤니케이션이 효과적인지를 조사했다. 관리자들은 클리프가 목표와 의제를 가지고 구성원들의 주의를 확연히 끌고 있다고 대답했다. 그들은 "우리 부서는 이제 회사가 원하는 바를 정확히 알고 있다"라고 얘기했다. 우리는 그들이 과장하고 있는 것이 아닌가 하는 생각이 들어 회사의 목표가 정확히 무엇인지를 물어보았다. 모든 부서에서 동일한 대답을 들을 수 있었다.

우리는 이러한 명확함이 어디에서 비롯된 것인가를 추적한 결과 매년 1월에 딱 한 번 열리는 리더십 회의에 도달하게 되었다. 클리프는 1년 동안 달성할 세 가지 특별한 목표를 계량적으로 설정하고 표로 나타냈다. 그 목표는 영업 이익을 확실하게 정해진 수준에서 달성하고, 고객 만족 수준을 한 단계 향상시키며, 『포춘』 지의 '일하기 가장 좋은 회사' 목록에서 정해놓은 순위를 확실하게 확보하는 것이었다. 시간이 흘러감에 따라 이러한 계량화된 목표는 모든 사람들에게 기도문과 같은 것이 되었다. 렌즈크레프터즈는 세 가지 가운데 두 가지를 달성했으며, 그 다음 해에도 이와 비슷한 방식으로 분명한 목표를 다시 수립하곤 한다.

사람들의 주의를 끌었다고 해서 그들의 흥미를 붙잡아둘 수 있다고 할 수는 없다. 일단 여러분이 구성원들의 주의를 끌었다면 그 다음에는 어떤 방법으로 그들의 흥미를 유지하겠는가? 기발함, 중요성, 긴박감, 투쟁감, 활력, 친근감, 그리고 유머 등이 흥미를 갖게 하는 커뮤니케이션 상의 특징들이다. 주제가 주의와 흥미에 요구되는 이러한 수많은 특성을 자연스럽게 갖고 있다면 효과를 발휘하게 된다. 주의와 흥미의 원칙들은 커뮤니케이션의 모든 수준과 사분면에 온통 적용된다.

여러분이 사용하는 사실은 분명하고, 적합하며, 매혹적인 강제력이 있어야 한다. 여러분이 사용하는 감정은 풍부하고, 밀도 높고, 가슴으로 느낄 수 있어야 한다. 여러분이 사용하는 상징은 잊혀지지 않으며 의미를 부여할 수 있어야 한다. 그러나 여러분이 구성원들의 가슴과 마

음을 사로잡기 전에 먼저 그들의 주의를 끌고 그런 후 그들이 흥미를 갖
도록 할 수 있어야 한다.

WITHOUT WAX

밀랍을 쓰지 않는다

*리*더로서 말해야 하는 무엇인가를 가지고 있지 않다면
여러분은 무의미하게 된다

고대 로마에서는 조각상이 궁극적인 신분의 상징이었다. 조각상은 그 사람의 재산, 사회적 중요성, 그리고 불멸성까지를 표현하는 상징이었다. 존경과 높은 보수를 받았던 조각가들은 돌과 밀랍에 대한 기술을 익혔다. 그렇다! 우리는 '밀랍'이라고 말하였다. 끌을 잘못 움직여 돌에 상처를 입히거나 자연적으로 생긴 흠이 있으면 색깔을 가진 밀랍을 가지고 교묘하게 채워넣었다. 태양과 바람, 또는 시간이 그 흠을 드러낼 때까지는 밀랍이 그러한 불완전함을 감추어주었다.

고객으로부터 가장 많은 초대를 받는 예술가는 이러한 밀랍 관행을 거부하였다. 그는 자신의 가게 문에 '시네 세라(Sine Cera)'라는 간판을 자랑스럽게 내걸었다. 라틴어 '시네 세라'는 '밀랍을 쓰지 않는다'는 뜻이다. 밀랍을 사용하지 않고 일하는 조각가들은 진품을 보증하는 사람들이었다. 요즘 말로 표현하면 그들은 진실했다고 할 수 있다.

과연 자기 개인의 웹 사이트에 이런 간판을 올려놓으려고 할 리더들이 얼마나 될까? 밀랍을 쓰지 않는 리더들은 가식을 쓰지 않는다. 그들은 자기가 아닌 다른 어떤 사람인 체한다거나 자기가 느끼지 않은 무엇인가를 느낀 척하지 않는다. 그들은 정직하고 진실하다. 그들은 자신이 누구인지를 잘 알고 있으며, 자신의 본 모습을 보여주는 것을 두려워하지 않는다. 불행히도 너무도 많은 리더들이 자신의 결점, 자신의 진짜 감정, 또는 진실을 밀랍의 형태로 덮어버리려고 시도하고 있다.

심리학자 아브라함 매슬로(Abraham Maslow)는 다음과 같이 자신의 통찰을 피력하였다. "진정한 개성은 자기 안에서 다음과 같은 충동의 목소리를 들을 수 있다. 즉, 정말로 자신이 원하는 것과 원하지 않는 것, 자기 스스로가 자격이 있는 것과 자격이 없는 것…… 당신의 진정한 자아가 무엇이며, 자신이 무엇을 원하는지를 찾아낸다. 그리고 그 과정에서 자신의 지휘 능력을 발견하게 된다."

이아인 모리스(Iain Morris)는 '시네 세라' 이다. 이아인은 모토롤라의 페이징 프로덕츠 그룹(Paging Products Group)에서 일하는 중간 관리자였다. 수년 전 이 회사는 우리를 초빙하여 새로운 디자인을 담당하는 기술자 집단과 함께 일하도록 하였다. 그때 시장은 새로운 페이지(전산 기억 영역의 한 구획) 제작자에 대한 수요로 폭발하고 있었다. 그들은 새로운 생산 주기의 압력 밥솥에 몰두하고 있었다. 우리는 그 그룹의 상위 관리자인 이아인이 이틀간의 회합을 시작할 때 참석하였다.

이아인은 큰 목소리로 읽을 준비를 한 듯 모서리가 여기 저기 접힌 한 다발의 책을 가지고 도착하였다. 그날 밤 그의 커뮤니케이션 능력은 우리가 보기에는 도무지 상황과 잘 어울리지 않아 보였다. 이아인은 노트를 두 번 쳐다본 다음 말을 시작했다. 그런 다음 노트를 옆으로 내려놓고 계속해서 15분 동안이나 열정적이고 진지하게 리더십에 대한 자신의 깊은 믿음과 관련지어 얘기를 하였다. 그는 리더가 숙련된 재능의 '전문가가 아닌 중개인' 이라고 선언했다. 그는 르네상스 시대를 예로 들면서 자기 휘하의 기술자들을 설득하려 들었다. "눈금이 1에서 10까지 새겨져 있는 미켈란젤로의 자 위에 올려놓으면 우리는 눈금 아래로 한참 내려간다." 그는 자기 그룹에게 그들의 창의적 천재성이 속도를 내어 발휘될 필요가 있으며, 그렇지 않으면 시장에서 실패할 것이라고 말하고 있었다. 그에게 있어 동급 최고의 회로 디자인은 예술 작품이었다. 자신의 그룹에 대한 신뢰를 표시하며 그들에게는 승리할 수 있는 능력이 있다는 말로 그가 연설을 마무리하자 열렬한 박수 갈채가 이어

THE LEADER'S VOICE

졌다.

　이아인은 상황이 요구하는 대로 품위 있는 발표를 하고 세련된 수사적 기법을 동원할 수도 있었지만 그렇게 하지 않았다. 그룹에게 동기를 부여할 때 그는 심상을 단순하게 제시하고 메시지를 직설적으로 전달하는 쪽을 선택했다. 그날 밤의 특별한 시간에 그의 확신에 찬 목소리는 의미심장하게 들렸다. 이아인은 관리자가 팀원과 커뮤니케이션하는 유일한 방법은 '직접적으로, 간단하게, 그리고 열정적으로 말하는' 것이라는 자신의 신념을 우리에게 들려주었다. 어떤 팀원은 이렇게 말하였다. "이아인이 우리에게 얘기할 때 그에게 중요한 것이 무엇인지를 말해주는 회로 모형도 같은 것을 따로 가질 필요가 없습니다. 그는 매일 이렇게 리더십을 구사합니다. 이 점이 우리가 그에게 감탄과 존경을 보내는 이유입니다. 그는 우리와 우리의 일에 대하여 대단히 진한 감정을 가지고 있습니다. 이아인은 뭐랄까 그냥 이아인이죠."

　효과적인 리더십 커뮤니케이션에는 따로 밀랍으로 채워넣은 가식 같은 것이 없다. 그것은 추종자들이 진실한 한 리더의 얘기를 들을 때 일어난다. 우리는 스스로 진실해지기를 갈망하기 때문에 진실한 사람들을 신뢰하고 경탄하며 따른다. 리더란 추종자들에게는 역할 모델이 되는 사람이다. 리더는 가끔 더 나은 자신, 즉 우리가 닮기를 갈망하는 사람들을 상징한다. 우리는 허위를 증오하며 무언가를 진실로 대변하고 확신하는 진짜 리더가 되기를 갈망한다.

　돈 되는 일이라면 무엇이든 하는 잡상인 선전꾼들은 위대한 이야기를 말한다. 리더들은 자신들의 이야기를 말한다. 자신의 목소리를 찾는 일은 자신을 찾는 일에 다름 아니다. 종종 많은 리더들은 자신이 누구

> 돈 되는 일이라면 무엇이든 하는
>
> 잡상인 선전꾼들은
>
> 위대한 이야기를 언급한다.
>
> 리더들은
>
> 자신들의 이야기를 언급한다.

인지를 모르기 때문에 자기가 무엇을 원하고 있는지를 모른다. 만일 여러분의 의도가 그저 누군가에게 제품을 사달라고 설득하는 일이라면 어떠한 이야기를 해도 상관은 없다. 그러나 만일 여러분이 리더로서 자기 자신을 사달라고 설득하려 한다면 여러분은 자신의 이야기를 말해야만 한다. 리더의 메시지는 자아에 대한 분명한 감각으로부터 자연스럽게 성장한다.

지휘하고 싶은 욕망

대부분의 보통 사람들은 가치가 있거나 의미가 있는 그 무엇을 성취하려는 갈망을 공통적으로 가지고 있다. 성직자, 철학자, 정신병리학자, 그리고 과학자들은 가끔 "인생의 의미가 과연 무엇인가?"라는 질문을 받는다. 실제 정확한 질문은 "내 인생의 의미는 무엇인가?"가 될 것이다. 레오 톨스토이는 자신의 약혼녀 발레리 아르세네프에게 보낸 편지에서 가치 있는 인생의 목적은 "자기가 사랑하는 사람을 위해 일하고 자기가 하는 일을 사랑하는 것"이라고 썼다. 톨스토이의 감상은 심리학자 프로이트와 나치의 유대인 대학살에서 살아남아 『인간의 의미에 대한 탐구(Man's Search for Meaning)』를 쓴 빅터 프랭클(Viktor Frankl)이 도달한 동일한 결론에 비해 시간적으로 앞서 있다.

한 인간의 정체성은 그가 어떤 큰 일을 이루려고 열망하면 하찮음을

자기 지배

우리는 하루 종일 계속된 강의의 마지막에 비즈니스 철학자인 피터 쾨스텐바움(Peter Koestenbaum)에게 "피터, 그렇다면 인생의 의미는 무엇입니까?"라고 물었다.

그는 주저하지 않고 "그것은 성숙해가는 것입니다"라고 대답하였다.

"성숙은 정확히 무엇을 뜻합니까?"

그는 주먹을 쥔 한쪽 손을 들어올리며 "성숙한 사람들은 자아에 대한 강한 감정을 가지고 있습니다. 그들은 자신이 누구인지, 무엇을 믿고 있는지를 알고 있으며, 자기의 의견과 판단을 확신합니다"라고 힘주어 말했다. 그는 다른 쪽 손은 펴서 편안한 자세로 들어올렸다. "그들은 또한 계속해서 듣고 배울 만큼 겸손합니다. 그들은 다른 사람들에 대해 관심을 기울이며 그들에게 기꺼이 봉사합니다. 여러분이 동시에 이 두 가지에 해당된다면 여러분은 성숙한 사람이라고 할 수 있습니다." 진실한 사람이라고 해서 모두가 성숙하다고 할 수는 없지만, 반면에 성숙한 사람은 모두 진실하다. 여러분은 세상 물정을 모르는 바보를 위해 일해본 적이 있는가? 여러분이 바로 이러한 바보는 아닌가? 세상 물정 모르는 바보들은 진실할 수는 있지만 결코 성숙하지는 않다.

불행하게도 진실한 사람이 되는 데 실패하는 사람들은 자신에게 잠재된 위대함을 성취하는 데에도 실패하며 종종 자기 파괴에 빠지기도 한다. 나폴레옹 보나파르트는 "사람은 자신의 영혼에 커다란 두 개의 지렛대를 가지고 있다. 하나는 영감이고 다른 하나는 두려움이다"라고 말하였다. 영감은 보다 진실한 인생을 향하여 리더들을 움직이는 추진력이고 기중기이다. 두려움은 리더들을 아래로 끌어내리는 중력이고 제동 장치이다. 우리는 영감이 강하면 자기 승리를 향하여 날아오르고, 두려움이 지배하면 자기 파괴를 향해 뛰어내린다.

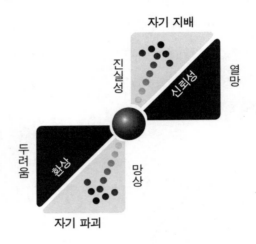

뛰어넘어 날아오를 수 있다. 우리의 목적은 어느 정도 중요성을 가지고 있어야 한다. 그렇지 않으면 우리는 끊임없이 "이것이 전부인가?"라는 자문을 하게 된다.

지휘(지도)는 가끔 감정적인 성숙을 가속화시키기도 한다. 그것은 또한 자기 파괴로 이끌기도 한다. 리더는 힘에 의존하고 싶은 달콤한 유혹을 느끼거나 구성원들에게 변함 없이 믿을 수 있는 존재로 남아 있어야 할 필요성에 직면할 것이다. 즉, 리더십은 우리로 하여금 두려움과 결점, 권위에 의존하고픈 생각, 그리고 관계의 특질에 대처하도록 요청한다. 그래서 리더들은 가치 없는 비평으로 인해 괴롭힘을 당하고, 과분한 칭찬으로 녹아들기도 하며, 다른 사람들의 노력을 통해 과업을 이루어야 하는 어려움으로 인해 좌절감을 맛보기도 한다.

진실인가 아니면 허위인가?

엘리너 루스벨트는 "나는 사람들이 자신이 정말로 누구인가를 그럭저럭 알아가면서 그때의 결정을 가지고 살아간다"라고 말했다. 그녀의 발언은 성숙해가는 과정의 핵심을 찌르고 있는 듯하다. 자신을 파악하는 것은 평생에 걸쳐서 노력을 기울여야 하는 일이다. 자기 자신을 아는 것, 그 지식을 가지고 살아가는 것, 그리고 이를 방어나 위장 혹은 꾸밈이 없이 그대로 드러내는 것이 진실성의 본질이다. 심리학자이며 경영 컨설턴트인 맨프레드 케츠 드 브리즈(Manfred Kets de Vries)가 관찰한 것처럼 "훌륭한 자기 정체감은 그 사람으로 하여금 자신의 처지에 행복감을 갖게끔 한다."

우리 동료 한 사람은 그럴 만한 사연 때문에 타인으로부터 호감을 받고자 하는 욕구가 유달리 강했다고 한다. 그런데 그의 마흔 살 생일이 지난 어느 날 아침에 잠에서 깬 순간부터는 다른 사람들이 자신을 어떻게 생각하는지 전혀 개의치 않게 되었다고 한다. 그는 자유로운 자기 자신이 되는 해방감을 다음과 같이 심도 있게 설명한다. 사람은 자신이 아닌 다른 어떤 사람이 되려고 추구하는 것을 포기하면 실제 자신이 누구인가를 발견하게 된다. 그렇게 되면 자신의 진실된 모습과 허점들에 익숙해지게 되며 거기에서 편안함을 느끼게 된다. 심리학자 칼 로저스(Carl Rogers)는 "이상한 역설이지만, 내가 있는 그대로의 나를 내 자신으로 받아들일 때에야 나는 변화할 수 있다"라고 말했다. 우리의 조직과 우리 자신을 변화시키는 핵심은 실제로는 그렇지 않으면서 그런 체하는 일들을 중단하는 데 있다. 마음에 들지 않더라도 진실을 받아들여라.

진실하며 자기 존재와 자기가 믿는 바에 충직한 리더들은 추종자들의 귀를 붙잡을 수 있다. 신뢰 수준이 높으면 커뮤니케이션은 사취당하거나 기만당하지 않도록 보호해주는 모든 자연적 여과기들이 없어도 원활하게 이루어진다. 장애물이 무너지고 여과기가 제거되면 진실한 몇 마디의 말도 의미심장하게 전달될 수 있다.

여러분이 허울 뒤로 숨어 안전하게 머무르며, 감정적으로 일정한 거리를 유지하면 다른 사람들도 여러분이 정말로 누구인지를 모르기에 자신들의 안전을 지키려고 여러분의 말을 걸러 듣게 된다. 더 많은 커뮤니케이션을 하자는 외침이 큰 반향을 일으키는 것은 가끔 구성원들이 멀리 떨어져 있는 리더들과 연결될 필요가 있음을 드러내주는 것이다. 어떤 경우에는 보다 많은 커뮤니케이션이 실제로는 상황을 오히려 악화시키는 일도 있다. 리더들이 신뢰를 받지 못하는 상황에서 커뮤니케이션을 많이 하게 되면 조직에 믿지 말아야 할 것을 더욱 더 많이 제공하는 꼴에 불과하다. 보다 많은 커뮤니케이션을 요구하는 외침은 종종 진단되지 않은 질병인 불신의 증상이다. 불신이라는 병은 보다 많은 커뮤니케이션이 아니라 진실한 커뮤니케이션에 의해 치료될 수 있다.

심리학자들은 대부분의 사람들이 상대적으로 쉽게 신뢰할 수 있음에 반해 어떤 사람들은 신뢰 관계를 맺기가 어렵다는 것을 발견한다. 대부분의 그룹은 이 두 가지 특성을 가진 사람들이 뒤섞여 구성되어 있다. 심리학자들은 기꺼이 믿으려고 하는 사람들을 '높은 신뢰자', 믿기를 꺼려하는 사람들을 '낮은 신뢰자'로 구분하여 부른다. 리더들이 '경쟁을 부추기는 메시지'를 말할 때 기꺼이 믿으려는 사람들은 긍정적인 반응을 보이는 데 반해, 믿기를 꺼리는 사람들의 신뢰 수준은 저하된다. 리더들이 말하는 '협력을 부추기는 메시지'는 기꺼이 믿는 사람들

사이에서 신뢰 수준을 증가시킨다. 그러나 이 경우에 믿기를 꺼리는 사람들의 신뢰는 감소하지 않는데, 왜냐하면 그들에게는 이렇든 저렇든 차이가 없기 때문이다. '일관성이 없는 메시지'는 기꺼이 믿는 사람들과 믿기를 꺼리는 사람들 모두에게 있어 신뢰를 수직으로 떨어뜨린다. 협력을 부추기는 일관된 메시지야말로 가장 높은 수준의 신뢰를 확보할 수 있다.

주식 갖기

"당신의 주식이 방금 올랐다"라는 말은 당신이 보다 더 큰 신뢰를 받게 되었음을 의미한다. 주식처럼 우리는 수많은 지수를 평가함으로써 다른 사람들이 자신에 대해 가지고 있는 전반적인 신뢰 가치를 결정한다. 세 가지의 중요한 지수로 도덕성, 의도, 능력을 들 수 있다. 우리가 살아가면서 맺게 되는 대부분의 관계에서는 도덕성과 의도가 으뜸가는 지수가 된다. 비즈니스에서는 능력이 동등한 지위를 차지하며, 가끔은 선도적인 지수가 될 때도 있다. 능력은 우리 자신의 기술 능력과 대인 능력으로 표현할 수 있다. 한 리더의 주식은 커뮤니케이션 능력에 기초하여 극적으로 오르내린다. 왜냐하면 커뮤니케이션 능력이야말로 신뢰하고자 하는 우리의 자발성에 직접적으로 연결되어 있기 때문이다. 우리는 메시지와 메시지를 전하는 사람을 평가한다. 그러므로 목소리와 신뢰는 불가분으로 연결되어 있다.

믿음을 받는 능력

신뢰성은 '믿음을 받는 존재가 되는 조건'이라고 정의된다. 신뢰성은 평판, 지위, 그리고 타당성과 연결된다. 신뢰성(credibility)이라는 말은 '나는 믿는다'를 뜻하는 크레도(credo)와 능력을 뜻하는 어빌리티 (ability)의 두 단어로부터 생겨났다. 크레도는 크리덴셜(credential : 신임 장), 크리드(creed : 신조), 그리고 크레디트(credit : 신용)의 어원이 되는 말 이다.

리더로서의 우리는 고립되어 성장하지는 않는다. 우리가 누구이며, 우리가 무엇을 믿는가는 다른 사람들과의 대화와 상호 작용을 통해 구 체화된다. 중요한 사람들은 우리에게 보다 많은 영향을 끼친다. 그들이 우리에게 끼치는 각각의 작은 부분들이 우리 자신의 한 부분을 이루게 된다. 우리가 이러한 부분의 목소리들을 독특한 우리 자신의 이미지와 떼어놓을 수 없게 연결하여 우리만의 독특한 한 목소리로 통합시켜낼 때 우리의 진실성은 정점에 이른다. 우리가 성숙해감에 따라 우리는 명 쾌함을 가지고 다른 사람들의 주의를 끌어낼 수 있게 말하는 법을 배운 다.

진실성은 더 나아가 목소리와 행동의 통합을 요구한다. 우리가 '말 한 것을 진행하는' 능력은 우리가 신념을 가질 때 생긴다. 우리가 지휘 하려고 선택할 때 우리의 목소리와 행동은 우리의 의도를 드러낸다. 로 저 에일즈(Roger Ailes)는 "세상이 변하였다. 우리가 커뮤니케이션하는 방법도 변하였다. 적응에 실패한 사람들은 낙오할 것이다. 그러나 성공 하기를 바라는 사람들을 위한 단 한 가지 비밀이 있다. 즉, 당신이 메시 지이다"라고 썼다.

리더십에서 두려움과 혐오

사람들은 자신이 누구인가, 그리고 자신이 믿는 바는 무엇인가 등등의 사적인 영역에 대해서는 대개 드러내기를 꺼려하며 숨기려는 경향이 있다. 왜 그럴까? 금새 일어날 물리적 공포에 대한 합리적인 두려움이라기 보다는 미래 어느 시점에선가 일어나 우리를 괴롭힐지도 모를 공포에 대한 비합리적인 두려움 때문이라는 것이 첫번째 이유이다. 대립과 자기 폭로를 두려워하면 확신, 동기 유발, 관계성을 획득하고 유지하는 능력, 그리고 인도하는 능력이 줄어들 수 있다. 우리의 걱정을 형성하는 두려움은 수많은 사람들이 공통적으로 공유하는 일반적이고 일상적인 것이다. 이러한 두려움은 모든 문화에서 동서고금을 막론하고 넘쳐나지만 두려움과 대결하고자 하는 사람들에 의해 어김없이 정복당하게 된다. 우리는 나쁘게 비쳐지고, 다른 사람의 판단의 대상이 되며, 다른 사람에게 간파당하고, 단순히 배척되는 것을 두려워한다. 두려움은 사기라는 노예를 소유하고 있는 주인이다. 건전하지 못한 요구는 자기 파괴를 가져온다는 점에서 공포와 같은 존재이다. 우리는 호감을 받기를 원하고, 통제력을 갖고자 하며, 힘과 부를 소유하고자 하고, 완벽하게 보이고 유명해지기를 원하며, 또한 감탄의 대상이 되고자 희망한다. 이러한 요구와 두려움이 성숙에 대한 저항을 만들어내는데, 아마도 어린 시절의 정신적 충격이나 다른 정신 역학적인 원인으로까지 그 근원이 거슬러 올라간다. 어떤 사람들은 자기 자신, 관계성, 종교, 정치, 또는 결혼에 대해 한정된 믿음을 가지기 때문에 성숙에 실패하기도 한다.

두려움은 작동하지 않는다. 용기를 가져라.

돌발 퀴즈 : 어떠한 요구와 두려움이 여러분으로 하여금 솔직한 표현

을 하지 못하게 만드는가? 다른 사람들에게 여러분 자신을 필사적으로 숨기게 만드는 것은 무엇인가? 여러분이 속이는 사람은 누구이며 그 이유는 무엇인가?

여러분은 무엇을 두려워하는가?

받아들일 수 있는 결점

위기가 한창이거나 혹은 완만하지만 지속적인 시간의 압력을 받을 때면 리더의 감춰진 결점이 드러나게 되고, 그럼으로써 리더는 선의와 충성심이 수반되는 신뢰를 잃게 된다. 어느 누구도 여러분에게 완벽한 역할 모델이 되어주기를 기대하지는 않지만 여러분이 공개적으로 표명한 자기 존재와 실제 존재 사이에 밀접한 연결이 있음을 보고자 원한다.

사람들은 진실한 리더가 가지고 있는 수용할 만한 결점에 대해서는 기꺼이 눈감아주기도 한다. 결점은 우리를 보다 인간적이게 하고 보다 받아들여질 수 있게 하며, 상대방으로 하여금 좀더 참을 수 있도록 해준다. 합리적인 범위 내에서 몇몇 결점은 상대방에게 쉽게 용서되고, 오히려 껴안아지기조차 한다. 그러나 일반적으로 용서될 수 있는 결점이란 성격적 결점이 아닌 우리의 성격에 덧붙여지는 결점이다.

진실한 리더들은 다른 중요한 리더십 자질이 부족할지라도 종종 충성심을 얻을 수 있다. 우리는 몇 해 전에 한적한 뉴욕 주에서 일하는 동안 우연히 그러한 상황을 만나게 되었다. 회의 장소는 아름다운 숲 속에 위치하고 있었다. 허드슨 강 위쪽으로 솟아오른 나무들이 능선을 이룬 언덕을 가로지르며 총천연색의 햇살이 선명하게 빛나고 있었다. 우리는 수십억 달러의 매출을 올리고 있는 업계 선도 기업에서 온 임원들과 만나고 있었다. 오후 휴식 시간에 우리는 잔디 위에 앉아 상사에 대해 커다란 좌절감을 가지고 있는 한 참석자와 깊은 대화를 나누었다.

"상사에 대한 당신의 생각은 어떻습니까?"라고 우리는 물었다.

"정말로 제 생각을 듣고 싶습니까?"라고 그는 안경 너머로 쳐다보면서 말했다.

"물론입니다"라고 우리는 대답했다.

"좋습니다. 말하겠습니다. 그 사람은 현상에만 집착하고, 극히 사소한 것까지 관리하는 것을 너무 좋아합니다. 제가 상황을 어떻게 느끼는지에 대해서는 전혀 고려하지 않습니다."

"힘드시겠군요. 그렇다면 당신이 그를 위해 열심히 일하는 이유는 무엇입니까?"

"음. 우습게 들릴지 모르겠습니다만 그는 개자식 같긴 해도 탁월합니다. 그는 거의 항상 옳고, 모든 일의 정점에 있으며, 저는 그로부터 정말 많은 것을 배웁니다. 우리는 사실 서로를 좋아하진 않지만 정말이지 저는 항상 그 사람과 함께 우리가 어디에 서 있는지를 압니다. 때때로 그는 세상 물정 모르는 바보 같기도 하고 종종 전혀 걱정하지 않는 것처럼 보이지만 눈앞에 닥친 상황을 제대로 인식하게 해줍니다. 저는 그의 천재성에 대해 경탄하고 있다고 생각합니다. 그는 있는 그대로의 모습을 보여줄 뿐 어떤 숨은 의제를 갖고 있거나 다른 사람인 체하지 않습니다. 그리고 만일 저의 성과가 기대와 일치하면 저는 신용과 보상을 얻습니다. 그는 까다롭지만 공정한 상사입니다."

이 리더는 성숙한(움켜쥔) 주먹은 가지고 있으나 성숙한(내미는) 손은 가지고 있지 못하다. 그는 여전히 다른 사람들을 존경하고 섬기는 것을 배워야 한다. 비록 그의 성숙이 발육부진 상태일지라도 추종자들은 그의 진실성에 반응을 한다. 진실한 바보들은 거짓으로 악수를 청하는 사람들보다 오히려 더 낫기 때문이다.

이러한 이야기들은 해를 거듭하여 주목할 만한 하나의 형태로 축적되는 경향을 보인다. 사실상 수년간 우리는 일선 관리자와 중간 관리자들을 대상으로 그들의 과거의 역할 모델이 되었던 리더와 그의 커뮤니케이션 능력에 대해 물었다. 다음의 인용들은 그들이 말한 내용의 핵심을 제시한 것이다.

그 사람은 여느 때처럼 우리에게 평범한 언어로 그저 쉽게 말하였다.

나는 그녀가 말하고 있는 것이 진실이라는 것을 알았다. 왜냐하면 나는 그녀가 그녀의 말대로 살아가는 것을 지켜보았기 때문이다.

그녀는 다른 사람이 자신의 입장과 진정한 모습을 알거나 보는 것을 두려워하지 않았다.

그의 회사가 거짓말을 하고 있을 때에도 우리는 그만은 진실을 말한다고 신뢰하였다.

이러한 사람들은 진실이나 자신의 결점을 밀랍으로 덮어버리지 않는 리더들이라고 말할 수 있다. 리더로서의 성공을 무너뜨리는 것은 실수가 아니라 종종 덮어버리는 행위이다. 밀랍은 말하는 것과 행동하는 것,

THE LEADER'S VOICE

그리고 공언하는 가치와 실현되는 가치 사이의 차이를 메우려는 시도이다. 밀랍은 거짓말이고, 덮어버리는 행위이며, 가장이자 이중성이다.

속임의 춤

개리슨 킬러(Garrison Keillor)는 언젠가 와비간 호숫가에 서서 "때때로 당신은 현실을 눈으로 바르게 직시하고서는 그것을 부정해야 한다"라고 말했다. 이것은 정말 대단한 코미디이며 죽은 리더십 철학이다. 수많은 선의의 비즈니스 리더들이 한꺼번에 일을 보류시키거나 진행시키려다 무서운 리더십의 실수를 저지른다. 무의식적인 두려움 때문이건 아니면 고의적인 악의 때문이건 그들은 진실의 주변에서 춤을 추며 빙빙 돌고 있는 것이다.

그 춤은 때로는 텍사스의 빠른 2박자이고, 때로는 길고 정열적인 탱고이다. 우리는 갈등을 피하기 위해 춤을 춘다. 우리는 우리가 호감을 얻을 필요가 있기 때문에 춤을 춘다. 우리는 다른 사람들을 조종하려들기 때문에 춤을 춘다. 우리는 진실과 그 진실이 다른 사람들에게 불러일으킬 감정에 대해 어떤 식으로든 두려워하기 때문에 춤을 춘다. 그것은 리더들과 추종자들이 힘든 진실을 편안한 거짓으로, 위험한 문제를 보다 안전한 것으로, 또는 혼란한 현실을 잘 정돈된 속임수로 맞바꿀 때 일어난다. 탱고처럼 이러한 속임의 춤에는 반드시 속이는 자와 속는 자라는 두 사람이 있다. 그러나 수백 또는 수천의 사람들이 이 속임에 관련될 수 있다는 점에서는 탱고와는 전혀 다르다.

속임의 춤은 공모로 시작된다. 리더들과 추종자들은 공개적으로는 함께 어떤 것을 믿는 체하지만, 실은 사적으로는 서로 다른 어떤 것을 믿는다. 그것은 직업상의 안전과 같은 것 이상일지도 모른다. "이 합병은 오직 긍정적인 효과만 낼 것이다."

거짓말의 투자수익률

우리는 동료 가운데 한 사람이 윤리적인 선을 분명하게 넘었던 하나의 상황을 기억한다. 그 동료는 사적으로 여행을 하고서는 여행 경비를 고객 프로젝트 비용으로 지출한 것에 대하여 거짓말을 했다. 그녀는 커뮤니케이션상의 오해라고 자세하게 뒷배경 얘기를 들려주었지만 그것 역시 거짓말임이 분명했다. 그러나 우리는 그녀의 기본적인 정직을 믿었기 때문에 춤을 추어댔다. 그녀는 오해를 불러일으킨 점에 대해서는 사과했지만, 어떠한 잘못도 결코 인정하지는 않았다. 우리 모두는 진실을 알고 있었지만 겉만 덮는 그녀의 이야기를 믿는 체했다. 이것은 거짓말이었으나 우리 모두는 그렇지 않은 체했다. 비록 이것이 우리가 태어나고 자란 아이다호와 오클라호마의 작은 마을로까지 거슬러 올라가는 어린 시절의 가치를 위반하였지만 여전히 우리는 춤을 추어댔다. 우리는 "고객의 돈을 우리 자신의 것처럼 아껴서 사용한다"라고 설교를 늘어놓으면서도 여전히 춤을 추어댔다.

우리 모두는 시간과 에너지의 원가가 너무나 커서 보다 어려운 현실에 직면할 수 없다고 계산했기 때문에 가장에 합의하였다. 우리는 악수를 하고 모든 파티를 끝냈다. 우리는 모임이 끝났음에 안도하였으나 거짓말을 했기 때문에 부도덕한 느낌이 조금 들었다. 말없는 합의가 유용한 것처럼 보였기 때문에 우리는 훌륭한 리더십 과정이었다고 가정하는 잘못을 범하였다. 그것은 훌륭한 리더십 과정이 아니었다. 우리가 춤추었기 때문에 보다 강하고 깨끗한 관계성을 유지할 기회를 증발시켜버렸다. 그 회사는 조금 부도덕하기는 했으나 살아남았다. 우리의 개인적인 관계성은 존속했지만 약화되었다. 우리의 리더십은 살아남았지만 우리는 제대로 소리를 내지 못했다.

우리는 결코 제대로 소리를 내지 못했다.

사람들은 남을 속일 때마다 위험한 심리 룰렛 게임을 한다. 표면적으로는 진실이라는 수술보다는 공모라는 응급 처치가 효과적인 것처럼 보인다. 시간이 지나면 그들의 공모는 곪게 되고 오래 지속되는 문제를 만든다. 크리스 아지리스(Chris Argyris)가 『자문의 결함과 경영 함정(Flawed Advice and the Management Trap)』에서 지적했듯이, 속임수가 비록 순간적으로는 긍정적인 결과를 가져올지 모르지만 그 속임수보다 더 음침한 힘들이 작용하게 된다. 많은 프로젝트가 실패한 이유를 묘사하면서 그는 다음과 같이 썼다.

훌륭한 근로 관계를 유지한다는 미명하에 당사자들 모두 진실을 무시하고 그들이 무시한 것을 덮어버렸다. 내부 모순은 남아 있고, 좌절감이 자라고 있다는 결과는 피할 수 없는 것이다. 따라서 차이와 불일치는 논리나 논쟁의 문제만은 아니다. 문제는 언쟁, 기능 장애 행동, 그리고 활기 없는 성과들을 위해 내리는 처방, 테스트를 마친 처방이다.

여러분의 팀이 결정적인 '실제 문제'를 회피할 때마다 여러분은 실패한다. 물리적이거나 가상적인 회의실 밖에서의 토론이 회의실 내에서의 토론과 극적으로 다를 때 여러분은 실패한다.

많은 리더들은 단순히 자기 자신을 믿지 않기 때문에 다른 사람을 믿을 수 없다. 우리 자신을 속이고 다른 사람을 혼란시키는 일은 비즈니스 리더들에게 손해를 입히고 파멸을 초래하는 것이다.

진실성

정열과 결합한 진실성은 리더의 메가폰이다. 이것은 다운사이징이나 인수합병을 외쳐대는 소리, 월스트리트 주식 시장의 투덜거림, 경쟁자들의 비명을 뛰어넘어 메시지를 증폭시킨다. 그러나 만일 진실성이 없다면 리더들이 말하는 사실, 감정 그리고 상징의 소리는 죽게 된다.

보다 큰 진실성으로 가는 여행은 여러분이 믿는 것과 여러분이 다른 사람들로부터 들어서 믿게 된 진리 사이의 차이를 식별할 때 시작된다. 진실한 리더들은 보다 집중하며, 중심을 지키고, 통합한다. 그리고 자신을 향하며, 목적을 가지고 있다. 진실성이 커짐에 따라 그들의 인정, 용납, 지위, 방어, 그리고 돈에 대한 필요는 작아진다. 진실한 리더들은 중요한 일에 몰두한다.

진실성은 해방감을 주고 편안하게 한다. 진실성은 좌우로 치우치지 않게 균형을 유지하는 데 힘이 별로 많이 들지 않는다. 어느 리더가 가진 취약성은 다른 사람들의 용기를 자극하고 구성원들에게 자연스럽게 행동하고 진실을 말하도록 허용해준다. 따라서 벽은 무너지고 커뮤니케이션은 원활해진다.

리더들은 가끔 그들의 용기를 통해서 정체성을 확인할 수 있다. 우리는 화려한 재능을 가진 디자이너들이 많이 일하고 있는 디자인 회사의 떠오르는 리더 한 사람을 알고 있다. 당사자를 보호하기 위해 편의상 그를 안토니오라고 부르기로 하자. 그는 종교적, 정치적으로 보수적 성향의 소유자이며 재능이 많은 디자이너였다. 그는 욕을 하거나 술을 마시는 일이 없었으며, 흔히 있는 천박하고 재치 있는 주변의 대화에 끼여들려고 하지도 않았다.

그런데 그 회사의 CEO는 진실하기는 하지만 천박스런 사람이었다. 그는 할리 데이비슨 오토바이를 타고 다니며 연설 도중에 신을 모독하는 말을 남발하기도 하였다. 또한 회사 정책을 비웃기도 하고 자기 책상 밑에 있는 소형 냉장고에 6개들이 맥주 박스를 넣어두고 있었다. 그는 수많은 사람들이 세상에서 가장 못생긴 카우보이 장화라고 생각하는 것들을 가치 있는 것인양 소장하고 있었다. 이 CEO는 인간 관계(HR) 정책에 대하여 관심을 기울이는 체하거나 정책 수정을 실천하는 체하지 않았다. 그는 질문할 게 있으면 안토니오에게 묻곤 했다.

어느 날 그 CEO는 안토니오를 자기 방으로 불러 이렇게 물었다. "자네에게 질문이 하나 있네. 동성애에 대해 자네는 어떤 견해를 가지고 있나?"

그 질문에 안토니오는 놀라지 않았다. 그는 CEO도 어김없이 약점을 가진 사람이라는 점을 알고 있었다. 그렇다고 해도 이러한 주제에 대하여 지론을 굽히지 않는 상사와 논쟁하고 싶지는 않았다. 그의 마음은 정답을 찾으려고 내달렸다. 그는 진실을 말하고 싶었지만 그렇다고 상사를 공격하고 싶지는 않았다. 그는 잠시 멈추었다가 대답했다.

"저는 혼외정사를 믿지 않습니다. 따라서 '안토니오는 차별하지 않는다' 라고 회장님이 말하셨을 것이라 생각합니다."

진실한 리더

알비스(Ardy's)의 회장인 돈 피어스(Don Pierce)는 프랜차이즈 사업자 연례 회의에서 식료품 체인에 소속된 3천 개 레스토랑의 전략 방향을 서로 커뮤이케이션하게끔 만드는 책임을 맡게 되었다. 모임에 참석한 회사들을 지휘하려고 작업하는 동안 어느 고위 임원이 사적으로 돈 피어스의 발표력에 대해 관심을 나타냈다. "돈은 위대한 리더이고 훌륭하게 커뮤니케이션을 하였습니다. 그러나 그가 지난번에 마지막으로 했던 두 가지 발표는 지루하더군요. 여러분은 그와 함께 일할 수 있겠습니까?"

정말이지 아연실색하게 하는 발언이었다. 돈 피어스는 위대한 전략가이자 상당한 매력을 가진 사람이다. 그는 또한 우리가 만날 수 있는 가장 지루하지 않은 사람에 속한다. 보이드는 돈 피어스를 신뢰했기에 그 소식을 있는 그대로 들려주었다. "돈. 자네의 지난번 발표가 상당히 지루했다는 말이 시중에 떠돌더군."

돈은 웃으면서 대답했다. "오, 사실은 그보다 더 나빴다네. 나는 10년 동안이나 강연을 해왔는데 이렇게 나쁜 결과를 얻었구먼."

그의 솔직함이 커뮤니케이션에 대해 신속하게 분석할 수 있게 해주었다. 여러 참모들이 그의 연설문을 작성하고, 그가 그 연설문을 여러 사람 앞에서 크게 읽을 때만 해도 그는 흔히 볼 수 있는 단조로운 연설문 낭독자에 지나지 않았다. 그러나 그는 방식을 바꾸기로 했다. 이번 행사는 특히 중요했다. 왜냐하면 많은 능력 있는 체인 사업자들이 알비스의 발전적인 계획에 저항하고 있는 상황이었기 때문에 돈은 그들을 확신시키기 위한 커뮤니케이션에 보다 많은 힘을 쏟을 필요가 있었다. 그래서 많은 토론을 거친 끝에 이번 연례 회의는 기억에 의존하여 연설을 한다는 단순한 계획으로 접근하기로 결정했다. 따라서 강연문도 준비하지 않기로 하였다. 돈은 가장 많은 관심을 가지고 있는 전략적인 비전에 집중하기로 하고 다른 문제에 대해서 언급하고 싶은 유혹은 버리기로 했다. 가장 중요한 점은 그가 자기의 있는 모습 그대로 솔직하게 대응하기로 한 것이다.

돈은 자기가 말하고자 하는 것을 이미 잘 알고 있었기 때문에 쉬웠다. 그는 잘 쓴 대본을 쓰레기통에 버리고 회의실 양쪽에 포스터 크기의 사진들을 거치대 위에 올려놓았다. 그 사진들은 알비스의 연혁을 진열하여 보여주었다. 돈은 거치대 사이를 왔다 갔다 하면서 그가 개인적으로 기억하고 있는 알비스의 과거에 대해 이야기했다. 그의 회사가 처해 있었던 배경을 설명하고 나서 그는 무대 중앙에 있는 덮개를 씌운 탁자로 다가갔다. 덮개를 벗기고 그는 각각 다른 21개의 병맥주를 드러냈다. 사람들은 그가 과연 그것들을 보여주면서 연설을 어디로 끌고가려는지 궁금해하면서 미소를 머금기 시작했다. 그는 버드와이저 병을 머리 위로 들고서 "QSR(Quick Service Restaurant) 산업의 버드와이저는 누구입니까?"라고 물었다.

"맥도날드입니다"라고 청중 가운데 여러 사람이 외쳤다. 쿠어스 병을 들고서 그는 의심스러워하는 모습으로 그 병을 응시하면서 "버거 킹은 누구입니까?"라고 물었다.

그가 미켈롭을 높이 들었을 때 누군가가 "웬디즈입니다"라고 소리쳤다.

그러고 나자 그는 좀더 심각한 어조로 바꾸면서 남아 있는 18개의 병을 몸짓으로 가리키며 "그러면 우리는 어느 것입니까?"라고 물었다. 이 단순한 상징을 사용한 진실한 접근은 실내를 크게 웅성거리게 만들었다. 각자 모두가 어느 병이 알비스의 상징을 가장 잘 표현하는지에 대하여 말하고 싶어했다.

그들의 주의를 다시 환기시키며 돈은 알비스 브랜드를 위한 자신의 꿈과 그들이 그 꿈을 어떻게 이룰 수 있는지에 대한 자기의 믿음을 마음으로부터 얘기하였다. 정말 오랜 기간 동안 알비스 브랜드에 대해 충성을 보여온 사업자들이 그의 새로운 브랜드 도입이라는 메시지와 여전히 씨름하려고 애쓰는 동안 그의 비전은 분명하고 강력하게 커뮤니케이션되었다. 그의 강연 마지막에 '돈이 지루했다'고 말했던 고위 임원이 달려 나오더니 "여보시오, 왜 오늘 연설을 녹화하지 않습니까? 회사 전체가 이것을 볼 필요가 있습니다!"라고 소리쳤다.

외교적인 방식으로 진실을 말할 수 있었다는 점에 자부심을 느끼며 안토니오는 미소를 지었다. 그러자 CEO는 "그러나 자네는 동성간의 결혼을 믿지 않고 있지? 그렇지 않은가?"라고 압박하였다.

안토니오는 진짜 곤경에 빠졌다고 느꼈다. 그럼에도 불구하고 그는 정직하게, "음, 아닙니다. 저는 거기에 대해서는 여러 가지로 말할 수 있을 것이라고 생각합니다만 동일한 성의 결합은 죄라고 믿습니다."

CEO는 고개를 끄덕였고 혼란스러운 듯이 보였다. 그가 이끄는 창의적인 디자인 회사는 적지 않은 동성애 근로자를 고용하고 있었다. 어떤 사람은 건강 보험을 받는 동료들과 살고 있었다. 그는 진보적인 회사를 갖고 있는 것에 자부심을 느끼고 있었다.

"그렇다면 자네는 어떻게 우리 직원들과 어울리고 함께 일할 수 있는가?"라고 그는 계속 물어왔다.

안토니오는 여전히 진실을 유지하였다. 그는 있는 그대로 말했다. "음, 저는 욕을 하거나 술을 마시거나 야한 농담을 하는 것을 좋게 생각하지 않지만, 당신과 잘 지냅니다."

진실의 순간이 도착하였다. 안토니오는 끝날 것 같지 않을 듯한 오랜 시간 동안 CEO의 반응을 기다렸다.

"음, 자네가 옳아. 나는 그 점을 존중할 수 있네."

두 사람은 각자 서로를 보다 더 존중하는 마음을 가진 채 자리를 떴다. 그 순간 그 디자인 회사의 리더십 역량은 늘어나게 되었다.

신뢰의 도약

리더십은 궁극적으로 다른 사람들을 신뢰하는 행위이다. 만일 여러분이 자신을 믿지 않는다면 다른 사람들을 믿기가 어려워진다. 성숙과 진실성은 자기 자신과 자신의 지휘 능력을 믿도록 도와준다. 우리 자신과 다른 사람들에 대한 믿음이 부족하면, 리더십을 발전시키고자 하는 모든 시도가 위태로워진다. 효과적인 리더십 기술과 행동은 다른 사람들에 대한 믿음에 기초하고 있다. 만일 여러분이 다른 사람들을 믿지 않는다면 여러분은 그들을 믿는 척이라도 할 수밖에 없다. 이러한 가장이야말로 리더십을 왜곡시켜 다른 사람들을 조종하려 들게 한다.

케츠 드 브리즈는 이렇게 말한다.

"행동을 자기 반성에 결합시킬 수 있고, 권력의 영고성쇠를 인식할 수 있을 만큼 충분히 자기 지각력을 가지고 있으며, 권력이 동반해오는 심리적 사이렌이 유혹의 소리를 낼 때에 그 유혹에 빠지지 않는 리더라면 그는 결국에 가장 강력해질 것이다."

CHAPTER

9

CLIMBING THE LADDER
OF ABSTRACTION

추상의 사다리 오르기

비전과 업무 사이의 조망 시선을 만들어내는 리더는
위대함을 자극할 수 있다

여러분은 갑자기 짙은 안개가 잔뜩 끼여 있는 지역으로 진입하여 운전해본 적이 있는가? 아마도 여러분은 틀림없이 곧바로 속도를 줄이고 운전대를 꽉 붙잡을 것이다. 만일 다른 사람들이 여러분과 동승하고 있다면 여러분은 그들의 대화 또한 중단시킬 것이다. 전조등이 고장난 것을 뻔히 알면서도 여러분은 본능적으로 전조등을 다시 켜보려고 시도하게 될 것이다. 조금이라도 더 집중하기 위하여 라디오도 끌 것이다. 안개 속으로 다만 3인치라도 멀리 보려고 운전대 위로 몸을 구부리게 될 것이다. 또한 미친 듯이 백미러를 체크하면서 차의 후미등을 걱정할 것이다. 안개 속을 오래 운전하게 되면 여러분은 그만큼 피로를 느끼게 되며 시간을 인식하는 능력 또한 약해져갈 것이다.

불행하게도 여러분은 가끔 안개 속에서 일을 해본 경험이 틀림없이 있을 것이다. 그러한 상황에서 여러분은 오직 안개에서 빨리 벗어나기만을 바라는 마음뿐일 것이다. 구성원들의 움직임은 더욱 굼뜨고, 팀워크는 형편없으며, 스트레스 수준은 증가하고, 하릴없이 빈둥거리는 사람들이 늘어나며, 생산성은 현저히 떨어질 것이다. 명확함과 통제력을 상실했다고 느낀 구성원들은 커뮤니케이션이 부족하다고 외쳐댈 것이다. 리더들은 이 업무 저 업무 복합적으로 처리하느라 구성원들과 제대로 시간을 맞추지 못해 초과 근무 시간이 되어서야 커뮤니케이션을 한답시고 정신이 없을 것이다.

그러나 웅대한 전략적 비전과 방향이 없는 리더들은 자신이 깊은 의미를 소통하기보다는 단지 메시지만을 양산하고 있음을 알게 된다. 이러한 리더들은 고객, 근로자, 주주, 그리고 파트너의 요구를 서로 연결시키지 못한 채 별개로 대응함으로써 단지 수많은 종류의 짧은 편지, 연설, 서신, 이메일, 그리고 결산 보고서를 만들어낼 뿐이다. 이처럼 따로 분리된 메시지들은 오히려 시야를 더 좁혀버리는 역기능을 하게 된다. 분기 보고서의 급변하는 전략적 전망이나 느리게 움직이는 배경의 브랜드 비전에 초점을 맞추는 것은 도움이 안 된다. 안개를 제거하기 위해서는 예지가 필요하다. 비전은 의미를 추구한다. 전략은 강점을 추구한다. 우리는 예지를 비전과 전략이라는 두 마리 토끼를 추구하는 일이라고 정의한다.

"미래를 예언하는 사람은 진실을 말할지라도 거짓말을 하는 것이다"라는 아랍 속담은 되새겨볼 가치가 있다. 예지는 미래를 예언하기보다는 미래를 창조하는 일에 관련된다. 비록 그 목적지가 확실한 것이 아니고, 거기에 이르는 진로 또한 도중에 바뀌는 일이 있다 하더라도 구성원들은 자기들의 리더가 목적지와 진로에 대해 알고 있을 것으로 기대한다. 리더가 하는 일은 미래상을 공유하고, 열심히 일하도록 촉진하며, 그리고 협력하도록 지휘하는 것이다.

일의 ABC

복잡한 기술 사회에서 일에 요구되는 수준에는 세 가지가 있음을 고려하기로 하자. 수준 A는 일을 하는 것이다. 수준 B는 일을 계획하고 조직하는 것이다. 수준 C는 비전, 가치, 그리고 브랜드 정체성과 같은 추상적인 개념을 만들어내고 통합시키는 것이다. 많은 리더들은 수준 C의 시작 부분은 합리적으로 잘한다. 그러나 그들이 강력한 전략적 비전이나 호소력 있는 브랜드 정체성을 만들어냈다 해도 이를 고객, 구성원,

THE LEADER'S VOICE

파트너, 그리고 주주들에게 동일한 태도를 취하도록 커뮤니케이션하기 위해서는 더욱 더 힘든 과정과 싸움을 해야 한다. 이 싸움에서 다른 사람들의 협력과 지지를 끌어내지 못하거나 또 끌어낸 것을 유지하지 못하는 것이야말로 만성적인 리더십의 실패라 할 수 있다.

인간의 자연적 모습은 회사 문화보다는 느리게, 그리고 회사의 구성원들보다는 빠르게 변화한다. 예지는 기술과 같이 급변하는 것에만 초점을 맞추는 것이 아니라 일과 사물의 빠르고 느린 것의 관계를 이해하는 것이다. 그렇다! 실리콘밸리/사막/숲의 삼각형을 여러분에게 얘기하고 있다(실리콘밸리의 변화가 가장 빠르고, 숲의 변화가 가장 느리다). 목적지를 향한 진로를 밝히는 전략과 전술은 빠른 것이다. 비전이나 정체성과 같은 목적지는 느린 것이다. 빠른 것(전략과 전술)에 대한 느린 것(비전 또는 정체성)의 복잡한 관계를 이해하면 리더들은 보다 깊고 넓은 전망을 갖게 된다. 그것은 수준 C의 일이다.

글로벌 비즈니스 네트워크(Global Business Network)의 설립 멤버이며 임원인 스튜어트 브랜드(Stewart Brand)는 생태계의 역학과 제도에 대하여 다음과 같이 묘사한다.

"빠른 것은 학습되는 것이고, 느린 것은 기억되는 것이다. 빠른 것은 일을 발단시키고, 느린 것은 일의 성패를 좌우한다. 빠른 것은 단절적이고, 느린 것은 연속적이다. 빠르고 작은 것은 누적되는 혁신과 가끔 발생하는 혁명으로 느리고 큰 것을 가르친다. 빠른 것은 우리 모두의 관심을 끌고, 느린 것은 모든 권력을 소유한다. 오래가는 모든 역동적인 체계는 이러한 종류의 구조를 가지고 있고, 이것이 체계를 적응할 수 있고 강건하게 만드는 것이다."

추상의 수준

C 수준 : 전략 방향
(과거, 현재, 미래를 본다)

B 수준 : 계획 업무

A 수준 : 실행 업무

과거　　　　　오늘　　　　　미래

　　리더가 기술적인 유행에는 지나치게 관심을 쏟으면서 의미와 인간의 자연적 모습에는 거의 주의를 기울이지 않는다면 그는 깊이가 있는 소리를 내지 못하고 그저 15분 동안의 명성이나 얻는 리더가 될 뿐이다. 그렇다면 그러한 리더가 적응할 수 있는가? 그렇다고 할 수 있다. 강건한가? 아니다.

몇몇 느린 것들이 어떻게 좀더 빨라졌나

윌리엄 밴 뒤센 위스하드(William Van Dusen Wishard)는 역사가이자 미래학자이며 월드 트렌즈 리서치(World Trends Research)의 설립자이다. 그는 "우리가 보다 많은 정보를 축적할수록 의미는 점점 더 본질적이 된다"라고 이야기한다. 인간은 정보에 따라 행동하고, 시행착오로부터 배우며, 학습한 것을 공유하는 경향이 있다. 만일 여러분이 이러한 세 가지 경향을 현대를 복잡한 시대로 내몰아가는 기초 원리로 받아들인다면 강력한 순환을 이루는 커뮤니케이션 과정을 이해할 수 있을 것이다.

정보는 행동을 만들어내고, 행동은 학습을 만들어낸다. 학습된 것은 공유되고, 이것은 보다 많은 정보를 만들어내고, 그 후의 행동을 만들어낸다. 그리고 또 만들어낸다……

예전에는 거의 변하지 않고 정체되어 있는 활동 영역에서 모든 일이 이루어졌다. 비전 발명가 레이 쿠르즈웨일(Ray Kurzweil)은 패러다임의 이동이라는 관점에서 변화의 정도를 설명한다. 농업 시대에는 패러다임의 변화는 수천 년에 걸쳐 일어났다. 산업 시대 초창기에는 1세기 정도의 간격으로 패러다임의 이동이 이루어지다가 나중에는 거의 한 세대 내에 패러다임의 이동이 일어났다. 정보 시대 초기에는 패러다임이 일생에 세 번의 비율로 일어나는 것처럼 보였다. 쿠르즈웨일은 2000년도에 들어서면서 이제는 일생에 일곱 번 내지 열 번의 비율로 패러다임의 이동이 시작되고 있다고 설명한다. 현재 기술은 정신이 마비될 정도의 복잡성을 만들어내는 비율로 진보하고 있으며, 이에 따라 엄청난 혼란이 자연스런 부산물처럼 유발되고 있다. 쿠르즈웨일은 "인간의 역사에 있어서 하나의 커다란 구조적 단절이라고 부를 수 있을 만큼 급속하고 심대하게 이루어진 인간과 컴퓨터의 합병"이 그가 개념화하고 있는 "단순유일함(singularity)"을 낳을 것이라고 주장한다. 그는 베이비 붐 마지막 세대가 죽기 전에 언젠가는 이러한 사건이 발생할 것으로 믿고 있다. 블랙홀의 단순유일함과 마찬가지로 자연 법칙과 미래를 예언하는 우리의 능력은 빨려들어가 무너지게 된다. 단순유일함이 다가옴에 따라 계획하고 예언하는 능력은 무너지면서 추세 분석은 실패로 돌아간다. 새로운 기술은 그 이전의 기술이 실행되기 전에 등장하며, 좌절되고 불연속적인 변화를 야기한다. 매력적인 수준 C를 구축하는 일의 중요성은 날이 갈수록 더해지지만 이를 구축하려고 할 때에 부딪치는 어려움은 중요성이 더해지는 만큼의 승수만큼이나 더 크게 증가해간다. 그러면 어느 때보다도 더욱 더 수준 C의 일이 필요하게 된다.

성공하기 위해서는 비전을 가진 사람들이 인간의 자연적 모습과 시간을 가로지르는 일의 의미를 이해해야 한다.

추상의 사다리를 오르라

"어떤 복잡한 문제를 해결하기 위해서는 우리는 먼저 우리의 마음을 드높여서 상황을 보다 높은 차원에서 보아야 한다"라고 쿄세라(京セラ) 회사의 명예 회장 이나모리 카즈오(稻盛和夫)는 격려한다. 전통적으로 큰 회사들은 패러다임 안에서 비즈니스 모델을 개량하였고 패러다임이 변할 때까지 이를 지속시켰다. 그러나 CSX 회사가 사업 컨셉을 '철도'에서 '운송'으로 성공적으로 혁신했던 것처럼 자신의 패러다임 진로를 그렇게 바꿀 수 있는 능력을 소유한 회사는 현재 별로 없다. 아무튼 패러다임이 급변함에 따라 기업들은 느린 것의 범주로부터 빠른 것의 범주로 이동하고 있다.

그러나 패러다임이 패션의 변화만큼이나 빠르게 변할 때 패러다임의 이동 자체만으로는 충분하지 않다. 비즈니스 리더들은 적합하게 살아남기 위해 패러다임들 중에서 선택을 해야 한다. 리더가 마음을 고양하면 과거, 현재, 그리고 미래를 일련의 역사적 흐름으로 볼 수 있다. 시간을 배경 삼아 대비시켜야만 급속하게 이동하는 패러다임이 뚜렷한 초점으로 부각된다.

여러분이 추상의 사다리를 오르는 것은 예지 과정에 대한 준비 교육이다. 연구, 시행착오, 그리고 패러다임은 전략적 비전, 브랜드 정체성, 또는 수준 C의 모델을 개발하기 위한 과정을 단순화하는 데 도움이 된다. 그리고 커뮤니케이션 수행 계획을 이와 동시에 개발하면 이것들을 수용시키는 데 도움이 된다. 이 과정은 모든 규모의 비즈니스에 마찬가지로 적용된다. 단지 이 과정은 조직이나 산업, 그리고 상황이 요구하는 대로 극히 단순해지거나 복잡해질 수 있다. 그리고 이 과정은 몇 시간 내에 수행될 수도 있고 아니면 수개월로 늘어날 수도 있다.

이러한 개념들을 이해하는 것은 아주 중요하다. 수많은 리더들이 수준 B까지의 불과 한두 계단을 올라가 자칭 위대한 전략이라는 것을 발견하고는 자신들의 일을 마친 것으로 생각하기 때문이다. 전략은 수준 B에서 찾을 수 있을지 모르지만 의미는 비전과 브랜드 정체성처럼 더 높은 수준의 추상에서 나온다. 그것들은 사다리의 정상인 수준 C에서만 찾을 수 있다. 예지는 전략과 비전을 필요로 하기 때문에 우리는 추상의 사다리를 끝까지 올라가야 한다. 예지 과정은 우리가 어떻게 그 사다리를 올라가야 하는지를 이해하는 데 도움이 된다.

예지 과정

예지 과정은 안개를 제거하는 두 가지 목적을 가지고 있다. 첫째, 리더들은 가끔 비전 또는 브랜드 정체성으로 표현되는 전략적 방향을 만들어낸다. 둘째, 그들은 통합시키고 고무시키는 방법으로 그러한 비전을 충족시키기 위하여 전략을 커뮤니케이션한다.

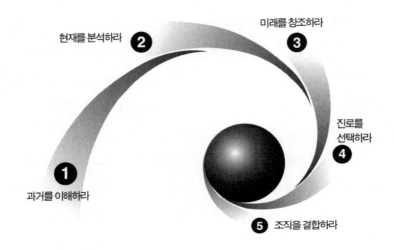

현재를 분석하라 **2**

미래를 창조하라 **3**

진로를
선택하라 **4**

1

과거를 이해하라

5 조직을 결합하라

과거를 이해하라

"우리가 지금까지 쭉 누구였으며, 그것이 무엇을 의미해왔는지 이해하지 않고서는 앞으로 우리가 어디로 가려고 하는지, 또는 우리가 반드시 어디로 가야만 하는지를 생각해내기란 어렵다"라고 캐슬린 홀 제이미슨(Kathleen Hall Jamieson)은 이야기하고 있다. 성공적인 리더는 상징적인 과거를 불확실한 미래에 연결한다. 이러한 연결을 수행하는 한 가지 방법은 "우리가 위대해지기 위해서 갖추어야 하는 자격이 무엇인가?"라는 질문에 답함으로써 시작한다. 우리 자신의 역사적인 위대함을 이해하면 확신을 가질 수 있다. 시간표, 화법, 그래픽스, 통계 그림, 멀티미디어, 축소 모형, 그리고 스토리텔링이 역사적 기록을 만들어내는 데 사용된다. 그리고 이러한 기록들을 통해 목적, 영감, 의미를 커뮤니케이션하게 된다. 이러한 상징적 기록들로부터 시간적으로 전진해 여행해야 할 핵심 요소를 선택하라. 전략, 업적, 그리고 변화에 대처하는 능력도 또한 전달된다. 과거가 말하는 이야기에 주목하여 상징적인 과거를 고찰하라.

현재를 분석하라

추세를 검사하고, 경쟁적인 위협과 기술적인 위협을 평가하며, 최선의 실행을 벤치마킹하고, 균형성과표(BSC)를 평가하며, 조직의 사활적 신호들을 진단하는 것은 현재를 분석하기 위한 기술이다. 현재를 분석하는 동안 리더들은 흥미를 끄는 새로운 전략을 찾도록 하는 유혹을 받는다. 이러한 새로운 전략은 많은 긴급한 문제들에 대해 해답을 주기 때문에 비전인 것처럼 비쳐지지만 결코 그렇지 않다. 이러한 것들은 결과적으로 조직을 급하게 바꾸고 좌절시키는 가짜 비전 또는 가짜 브랜드 전략일 뿐이다.

계속 진행하기 전에 먼저 여러분의 다양한 구성원들과 함께 공유하는 것이 중요할 수도 있는 문제, 아이디어, 그리고 사고 과정의 목록을 만들어라. 그 다음에 상징적인 과거의 이야기가 현재 어떻게 반영되고 있는지를 고려하라. 그런 다음 이러한 문제들을 커뮤니케이션하기 위해 사실, 감정, 그리고 상징을 사용하는 방법을 생각하라.

미래를 창조하라

과거를 이해하려면 상징적인 것에 의존한다. 현재를 분석하려면 사실적인 것에 의존한다. 미래를 창조하려면 감정적인 것에 의존한다. 궁극적으로 여러분은 성취하기 위해서 무엇에 관심을 가지고 있고 열망하는지 결정해야 한다. 일반적으로 비즈니스에서는 특별한 목표 비전, 커다란 조직 비전 또는 이 두 가지의 조합이 있다.

리더들이 이러한 가치 있는 미래를 계획하는 데 도움을 주는 창의적인 과정은 수없이 많다. 그리고 이러한 단계를 밟는 동안에 준수해야 할 가장 중요한 규칙을 명확히 표현하는 것은 단순하다. 그 규칙은 '개념을 만드는 사람'이 먼저이고 낱말을 만드는 사람은 그 다음이다. 그러나 정작 이 규칙을 실행하기란 대단히 어렵다.

개념을 만드는 사람이란 언어를 가다듬기 전에 아이디어를 가다듬는 사람이란 뜻이다. 비전 선언문을 정교하게 만들기 전에 핵심 비전 요소를 개발하라. 과거와 현재의 정보를 사용하여 가능한 미래상을 창조하기 시작하라. 다양한 창의적 과정을 사용하여 가장 높은 수준의 추상에서 바라는 미래의 이미지를 묘사하라. 과거, 현재, 미래를 일련의 역사적 흐름으로 상상하고 이 모두를 초점에 담아라. 전개해가는 이야기 속에 여러분 자신과 여러분의 구성원들을 위치시켜라.

그 다음에 확실하게 방향, 일치 단결, 그리고 영감을 주는 단어들로 이루어진 비전 선언문을 만들어라. 대부분의 비전과 미션 선언문은 '산업을 선도하는', '우수한 고용주', '훌륭한 기업가 시민' 등과 같은 김빠진 문구들로 가득 차 있다. 뛰어난 비전 선언문들을 보면 렌즈크레프터즈의 '세상 사람들이 보는 데 도움을 주는'과 같이 단순하고 강력한 의도를 뚜렷이 밝히고 있다. 미션과 가치 선언문으로 하여금 덧붙여져 가는 의미를 스스로 커뮤니케이션하게끔 하라.

진로를 선택하라

"리더들은 사람들로 하여금 그들의 사소한 선입견으로부터 벗어나도록 고무시키고, 사회를 분열시키는 갈등을 극복하도록 감동시키고, 최선을 다해 노력할 가치가 있는 것을 추구하도록 통일시키는 목표들을 이해하고 이를 명확하게 한다"라고 존 W. 가드너(John W. Gardner)는 이야기하고 있다. 진로를 선택하는 것은 사다리를 다시 내려가 핵심 전략이나 조직이 꼭 해야 할 일을 가려내는 것 등을 포함하는 보다 실용적인 과정이다. 이 과정은 용기 있는 의사결정을 필요로 한다. 전략 방향에 대한 의사결정은 중요하고 시간이 걸리기 때문에 리더들은 가끔 곧장 명령과 같은 커뮤니케이션을 하려고 덤벼든다. 그들은 결합하고 고무시키기 위한 힘든 커뮤니케이션 과정을 밟는 대신 너무 성급히 사다리를 내려가 각종 커뮤니케이션 계획들과 프로젝트들로 되돌아가려고 한다.

조직을 결합하라

우리가 하나의 비전이 되는가 아니면 하나의 환상에 그칠 것인가는 그것을 바라보는 사람의 수에 달려 있다는 말이 있다. 리더는 구성원들 모두가 동일한 것을 보게끔 도와줌으로써 그들을 결합하는 일을 수행한다. 이러한 일은 마케팅이나 커뮤니케이션 부서가 아닌 바로 리더들의 책임이다. 우리는 조직 전체를 위한 커뮤니케이션 계획을 만들어낼 필요가 있으며, 리더들은 각자 커뮤니케이션을 하기 위한 계획을 세울 필요가 있다.

　브랜드 개발, 스토리보딩, 은유 개발, 그리고 스크린라이팅 등등의

리더들은 줄거리를
더욱 풍부하게 만들어
고객, 구성원, 주주,
그리고 동업자를
동일한 영화에
포함시킬 수 있다.

프로세스에서 빌려온 기술들을 활용하여 리더는 이야기의 사실과 감정, 그리고 상징을 고려해야 한다. 이는 회사의 역사와 운명에 관한 영화에 구성원들이 스스로 액션 스타로 출연하고 제작하는 것과 같다. 리더들은 줄거리를 더욱 풍부하게 만들어 고객, 구성원, 주주, 그리고 동업자를 이 영화에 포함시킬 수 있다.

유명한 할리우드 감독인 시드니 루미트(Sidney Lumet)는 항상 모든 사람이 동일한 영화를 만들기 위해서 일할 때 최고의 영화가 만들어진다고 주장했다. 그는 스웨덴에서 「갈매기(The Sea Gull)」를 촬영했을 때의 경험으로부터 기억할 만한 몇몇 순간을 회상하기도 한다. 스탭 한 무리가 깊은 숲 속으로 들어가 밤 장면을 찍기 위해 라이트를 비춰댔다.

"해가 지고 한 시간 후쯤 나는 촬영 세트장으로 차를 운전하여 갔다. 길은 언덕 위로 이어져 있었다. 차가 산 정상에 다다랐을 때 나는 산 아래로 한 점에 모인 백열의 작은 다이아몬드를 보았다. 촬영 세트가 비춰지며 아름답게 빛을 발하는 곳을 제외하고는 주위의 모든 것이 컴컴했다. 이는 내가 항상 기억하려고 하는 장면이다. 모든 사람들이 문자 그대로 한밤중의 숲 한가운데의 한 장면을 만들면서 동일한 하나의 영화를 창조하느라 몰입하여 열심히 일하고 있었다."

우리는 여러분이 IBM의 2000년 결산 보고서를 한번 검토해보도록 권한다. 이 보고서는 아주 효과적으로 은유를 사용하고 있다. 마치 한편의 소설을 읽는 것 같다. 이렇게 시작한다.

You're ONE PAGE Away

from the NO-HOLDS-BARRED Story

of ONE year

in THE LIFE OF A COMPANY.

당신은 한 회사의 일생에서 어느 한 해의 아무런 울타리도 없는 한이야기로부터

한 페이지 나가 있습니다.

It's the story of

BIG BATTLES,

STINGING DEFEATS

&

GRITTY COMEBACKS.

UNEXPECTED ALLIANCES,

DARING FORAYS

&

GAME-CHANGING

DISCOVERIES.

이것은커다란 전투에서 찢기는 듯한 고통의 패배와 용감한 복귀랍니다.

뜻밖의 동맹군과 대담한 침투와 게임을 바꾼 발견들이랍니다.

in many ways

IT'S A STORY ABOUT THE FUTURE,

AS WELL AS THE RECENT PAST,

AND ABOUT ALL BUSINESS TODAY.

WHICH MEANS IT'S ABOUT E-BUSINESS.

AND ONE IN PARTICULAR.

최근의 과거와 여러 측면의 미래에 관한, 그리고 오늘의 모든 사업에 관한 이야기입니다.

이는 e-비즈니스를 가리킵니다. 그리고 아주 특별한 한 회사를.

예지 과정의 모든 단계에서 수렴하기 전에 분기하고, 낱말을 고르기 전에 개념을 정리해야 하는 것을 꼭 기억하라.

예지 손상

대부분의 실패한 비전이나 실패한 브랜드는 화려하게 죽지 않고 단순히 그 회사의 인터넷 사이트에서 디지털 먼지를 모을 뿐이다. 그것들은 우선순위와 고객의 요구를 변화시키면서 천천히 잊혀져가고, 과중한 업무의 와중에서 없어진다. 선전 문구는 강화되기보다는 오히려 재활용된다. 곧장 그들은 무시되고 종종 욕을 먹는다.

비전 선언문이 곧 비전은 아니다

비전 선언문은 비전이 아니고, 광고는 브랜드가 아니며, 지도는 영토가 아니다. 마음을 끄는 비전 선언문이나 완벽한 광고 캠페인을 추구하는 것이 중요하지만 이것이 비전이나 광고의 가장 중요한 단계는 아니다. 비전 선언문의 목표는 비전에 광택 박막을 씌우고 광고를 소개하는 것이 아니라 방향을 알려주고 다른 사람들을 결합하고 고무시키는 것이다. 비전과 브랜드는 사람들의 가슴과 마음에 살아 있는 것이지 광택 박막이 입혀진 신용카드나 포스터, 웹 사이트 또는 문진에 있는 것이 아니다.

최악의 광택 박막 시나리오는 고위 임원 팀들이 사외 연례 모임에 의례적으로 참석해서 잘 다듬어진 비전 선언문을 들고 돌아오지만 정작 비전은 전혀 다듬어져 있지 않은 경우이다. 불행히도 그들은 개념을 정

THE LEADER'S VOICE

리하기도 전에 낱말을 고르는 것이 얼마나 위험한 일인지 깨닫지 못하고 있으며, 낱말이 나타내는 핵심 아이디어에 대해 합의를 이루지 않고서 완벽한 낱말에만 합의한다. 이런 식으로 임원들은 동일한 선전 문구를 놓고 서로들 격찬을 한 다음 자신의 사업부서로 돌아오지만 서로 다른 비전을 커뮤니케이션하는 것이다.

한편 먼저 핵심 비전에 대한 개념을 정리하고 난 연후에 강력한 비전 선언문으로 가다듬는 경우 최상의 시나리오가 만들어질 수 있다. 리더들은 상호간에 개념을 통해 결합되기 때문에 각자가 독자적이고 진실한 목소리로 비전 선언문을 상세히 설명할 수 있게 된다.

가짜 합의

모토롤라의 중간 관리자인 리 번즈(Lee Burns)는 사외의 리더십 회의 석상에서, "우리는 비전을 공유하였음에도 공유된 하나의 비전을 갖고 있지 않다는 생각이 듭니다"라고 얘기한 적이 있었다. 우리는 지난 15년에 걸쳐 수백 명의 고위 임원들과 함께 일한 경험을 가지고 있다. 그 과정에서 우리는 가짜 합의야말로 가장 큰 문제라는 인식을 갖게 되었다. 비전과 전략은 구성원들이 서로 합의했다고 잘못 믿고 있거나 합의하지 않으면서도 합의하는 체할 때 무너진다. 이렇게 산산조각이 난 강령은 임원들이 회의 장소를 떠나면서 흔들린다. 임원들은 각자 자신의 개인적 의제를 지지하기 위하여 전략을 재해석하고 이를 전달한다. 그들의 독립심, 확신, 또는 그들이 정상에 오르는 데 도움을 준 오만까지도 그들이 공통의 비전으로 결합되는 것을 막는다. 다른 리더에게서 다른 이야기를 듣게 될 때 구성원들은 갈등의 냄새를 맡는다. 궁정(이사회)

의 음모는 매혹시킬 만큼 재미있지만 냉소주의, 분노, 그리고 반역을 가져올 뿐이다.

결합하고 고무시켜라

전략적 비전과 브랜드 정체성이 갖는 목적은 구성원들에게 방향성을 제공하고 그들을 결합시키며 나아가 고무시키는 것이다. 이 세 가지 모두를 수행하기는 어려운 일이며, 세 가지를 잘하는 경우는 매우 드물다. 어떤 사람들은 비록 고무된다 하더라도 그 기간이 극히 짧으며, 다른 사람들은 여러분의 비전이나 브랜드에 의해 결코 고무되려 하지 않는다. 우리는 직업을 찾는 사람이 아니라 뭔가 대의를 찾는 사람들을 채용하도록 권하고 싶다. 회사 내에서 사람을 찾는 경우에도 여러분의 대의에 의해 이미 고무된 사람들을 선발하길 추천한다. 고무된 사람들을 결합하는 일은 고무되지 않은 사람들을 고무시키고 결합하는 것보다 훨씬 쉽다.

다른 사람들 끌어들이기

비전은 아이디어를 가지고 나누는 일종의 사랑이다. 사랑처럼 비전도 크고 작은 다양한 방법으로 커뮤니케이션하는 것이 필요하다. 비전 메시지는 네트워크 속에서 원활하게 유통될 수 있도록 단순해야 하고, 반복적으로 제시되어야 하며, 또한 정돈되어 있어야 한다. 이 세 가지 특성을 갖추지 못하면 비전 커뮤니케이션은 네트워크에서 발생하는 자연적인 방해 전파를 뛰어넘어 제대로 전달되지 못할 것이다. 메시지가 네트워크를 통해 쉽게 흘러가기 위해서는 먼저 단순해야 한다. 그리고 반복하게 되면 기억을 증진시켜주기 때문에 리더들은 자주 얘기해야 한다. 어떤 비전을 급박하게 전파하고 싶다고 하면서도 그것을 충분하게 커뮤니케이션하지 못한다면 단지 잡음만 늘어나게 된다.

혼합된 메시지

메시지가 혼합되면 정렬에 실패한다. 고객·구성원·주주·협력업체 등 기업을 둘러싼 이해 관계자들의 다양한 욕구에 대응하여 리더들은 네 가지 분명한 메시지의 세트를 가진 네 가지 커뮤니케이션 계획과 전략을 쉽게 만들어낼 수 있다. 네트워크 속에서 유통된 정보를 공유하면서 각 구성원 집단은 모든 커뮤니케이션 흐름에 즉시 접근한다. 서로 대립되거나 효과를 깎아내리는 이질적인 메시지는 이 네 집단 사이에 불확실성을 증가시킨다.

세계적인 기업들은 놀라울 정도로 창의적인 천재들의 지원을 받아가며 브랜드 개발과 브랜드 홍보에 수십억 달러를 투자한다. 여러분의 조직 구성원들이 이러한 광고를 보면서 "나도 저런 회사에서 일하고 싶다"라고 말한다면 여러분은 아마도 실망할 것이다.

여러분은 직원들을 고무시키지도 않으면서 역동적인 브랜드를 갖고자 하는 원대한

모든 구성원들과의 커뮤니케이션에 배어드는 하나의 메시지 세트를 만들어내는 것이 절대적으로 필요하다.

꿈을 감히 꿀 수 있는가? "회사 내부의 브랜드 캠페인 목표는 회사 외부 캠페인과 너무도 동일하다. 바로 여러분의 회사에 대해 감정적인 유대감을 갖게 만드는 것이 브랜드 캠페인의 목표이다"라고 오길비 앤 마더

(Ogilvy & Mather)의 고참 사원인 콜린 미첼(Colin Mitchell)은 말한다. 최근에 바로 톰 피터스 컴퍼니가 200개 이상의 회사에 근무하는 구성원들을 대상으로 "여러분은 회사의 브랜드에 연결되어 있다고 느끼십니까?"라고 물었다. 여기에 대해 51%가 "그렇지 않다"고 응답했다.

분석가들은 분기 회의를 끝내고 자리를 뜨자마자 직원들의 온라인 채팅룸에서 자기들이 들은 것과 정반대되는 정보를 읽는다. 이러한 브랜드 내부의 메시지는 곧 브랜드 외부의 메시지에 나쁜 영향을 끼친다. 주주는 분석가들이 경영진의 능력을 의심하는 것에 귀를 기울인다. 이렇게 하여 듣게 되는 몇 마디의 말이 주주들에게 보낸 복잡한 결산 보고서보다 훨씬 무게를 갖는다. 그러므로 모든 구성원들과의 커뮤니케이션에 배어드는 하나의 메시지 세트를 만들어내는 것이 절대적으로 필요하다. 만일 서로 다른 내용의 혼합된 메시지를 구성원들이 받게 되면 커뮤니케이션상의 일종의 안개가 만들어진다. 이렇게 되면 여러분은 다른 구성원들이 여러분의 메시지를 어떻게 되풀이하고 있는가를 통제하는 것이 아니라 오히려 구성원 모두에게 동일하게 제공하는 첫 메시지를 억제해야 하는 상황에 처하게 되어버린다.

안개 101

안개에는 여러 가지 종류가 있다. 우리는 복사 안개, 증발 안개, 상사면 안개, 그리고 이류 안개에 관해 쓰는 것을 생각하고 있다. 그러나 모든 은유는 어떤 점에서 실패한다. 그럼에도 불구하고 우리는 하나의 이미지가 너무 멀리 가는 위험을 무릅쓰고서라도 안개의 해로운 형태, 즉

두렵기 그지없는 전도를 고려해야만 한다고 제안한다.

　이러한 일기 현상은 실제로 기온을 역전시킨다. 높은 고도에서도 공기는 차가워지는 대신 오히려 더워진다. 기온 역전이 일어난 처음 며칠 동안은 안개가 끼는지 관리할 수 있다. 마찬가지로 혼합된 메시지는 약간의 혼란을 일으키지만 시간이 흐르면 사태가 명확해질 것이라고 경영진은 희망한다. 다른 비전에 관해 말하는 임원이 있다면 이는 여기에 뜨거운 공기를 불어넣는 격이다. 불행하게도 강한 기온 역전이 일어나 위의 공기 온도가 올라가면 아래쪽의 차가운 공기와 섞이도록 허용하지 않는다.

　그 결과 기온 역전이 오래 지속됨에 따라 더 많은 오염 물질이 안개에 단단히 들어붙게 된다. 안개는 고참 고위 임원의 커뮤니케이션을 약화시키거나 거의 일어나지 않게 만든다. 설령 커뮤니케이션이 수행되더라도 활기가 없게 하고 커뮤니케이션상의 어떠한 전술도 전혀 의미를 갖지 못하도록 오염시켜버린다. 시간이 더 흐르면 안개는 스모그가 된다. 이 스모그는 일터를 오염시켜 재능 있는 사람들로 하여금 좀더 깨끗한 풍토를 찾아가도록 내쫓는다. 이러한 스모그는 앞에서 든 네 가지 치명적인 가정이 모두 작용하고 있고, 회사의 리더십이 오직 명령과 통제로만 커뮤니케이션하고 있다는 정보를 우리에게 알려주는 가장 확실한 신호이다.

비전과 브랜드, 한 블록 한 블록 쌓아가기

몇몇 사례를 보면 예지 과정은 시간이 지나면서 진화함을 알 수 있다. 예를 들어 레고 그룹의 비전은 특별하고 직선적인 말로 "2005년까지 세계에서 가장 강한 패밀리 브랜드가 되기 위하여"라고 시작한다. 경영진은 고무되고 열정적이었으나 종업원들은 "좋아, 그래서 뭐?"라고 무덤덤한 반응을 나타냈다. 레고 임원들은 비전의 선택이 단지 시작에 불과하다는 것을 깨닫게 되었다.

레고(LEGO)라는 단어는 "잘 놀아라"를 뜻하는 덴마크어 '레그 고트(Leg Godt)'에서 파생되었다. 레고 임원은 비전에 '평생의 창의성'이라는 개념을 추가하였다. 새로운 비전에는 '우리 아이들처럼 키우고' '창의성과 상상력을 통하여' 배우도록 자극하는 것을 포함시켰다. 레고 임원은 만일 그들이 고객들에게 평생의 창의성을 설명할 수 있다면 회사 내부적으로도 평생의 창의성을 실천할 수 있을 것이라 믿었다. 그들은 정말로 "근로자들이 열린 마음을 갖고, 새로운 자극을 갈망하며, 전통적인 작업과 학습 방식에 도전하고자 하는 국제적인 조직을 만들고자" 하였다. 이러한 생각은 레고 브랜드 역사에 깊이 뿌리내렸고, 비전은 근로자들의 마음과 정신에 의미를 발전시키기 시작했다.

레고 그룹은 비전을 수행하기 위해 야심에 찬 장기 전략에 착수했다. 1996년 영국에 레고랜드 윈저를 열었는데, 1968년 덴마크 레고랜드를 제외하고는 처음 개원된 레고 주제 공원이었다. 그 뒤를 이어 미국 캘리포니아와 독일에서도 주제 공원을 열었다. 1998년에 레고는 MIT와 산학 협동으로 고가의 창의적인 장난감 마인드스톰을 시장에 내놓았다. 1999년에 조지 루카스와 획기적인 라이센스 협정을 맺어 레고 제품의 스타워즈 계열을 창조해냈다. 유사한 맥락의 아이디어로 '위니 더 푸' 그리고 '해리 포터'와의 거래를 이루어냈다. 이러한 제품의 출시는 고객과 회사에 있어 매우 성공적이었다.

최근 레고는 시리어스 플레이를 개발했는데, 이는 비즈니스 팀에게 수준 C의 사고를 자극하기 위하여 레고 기술을 활용하는 사업 단위이다. "여기에 레고 코끼리, 경주용 차, 그리고 창문 없는 집이 있습니다. 이들 가운데 어느 것이 여러분의 회사를 닮았습니까?"라고 로버트 라스무센(Robert Rasmussen)이 어느 한 회사의 경영자에게 물었다. 그는 현재 시리어스 플레이 최고운영책임자(COO)이자 창의력 담당 이사이다. 이틀에 걸친 사내 워크숍은 엄선된 컨설턴트들에 의해 리드되며 좀더 높은 수준의 사고를 자극하기 위해 특이한 도구들을 사용하고 있다.

레고의 비전과 전략이 판매를 성공적으로 늘리면서 회사 역사상 처음으로 총수입이 10억 마르크를 초과하게 되었다. 이익 증가세가 둔하다는 언론 매체의 비판에도 불구하고 회사는 이 비전을 고수하겠다고 약속하고 있다. 평생의 창의성은 '전통적인 방식에 도전하는' 것을 포함한다. 세계에서 '가장 강한' 패밀리 브랜드가 되는 것은 지난 60년 동안 이 회사가 실행해왔던 방식인 플라스틱 벽돌만을 판매하는 것 이상으로 훨씬 더 많은 것을 포함하고 있다.

조망 시선

브랜드와 비전을 업무로 전환시키는 것은 매우 어려운 도전이다. 리더가 비전과 실제 업무 사이에 놓인 간격을 메울 수 있게 조망 시선을 만들어낸다면, 그는 구성원들로 하여금 위대한 업적을 이룰 수 있게 할 수 있다. '영원한 자유' 작전의 일환으로 아프가니스탄을 폭격하기 위해 북아라비아 해로 출항하면서 USS 존 F. 케네디(JFK) 함정의 함장인 로널드 H. 헨더슨(Ronald H. Henderson)은 승무원들에게 다음과 같은 인상적인 연설을 했다.

안녕하십니까? 존 F. 케네디 함 공군 7연대 6대대 장병 여러분.

우리는 현재 최고 속력으로 오늘 저녁 아프가니스탄 내의 폭격 목표로부터 남쪽으로 약 7백 마일 떨어진 파키스탄 먼 해안의 정박 지점을 향해 나아가고 있습니다.

저녁에는 CVW 7이 어두운 밤하늘로 발진하여 대 테러 전쟁인 영원한 자유 작전의 첫 타격을 가할 것입니다. 우리에게 있어 이 일은 공간이란 관점에서 보면 최고의 자리이고, 시간이란 관점에서 보면 절정의 순간이며, 역사라는 측면에서 보면 최후의 순간입니다.

우리의 적은 종교적인 광신자 집단입니다. 그들은 이슬람의 평화를 오도하고 그 의미를 왜곡하여 뉴욕 세계무역센터 트윈타워에서, 펜타곤에서, 그리고 펜실베이니아 주 벌판에서 무고하게 희생당한 수천 명의 죽음을 정당화시키려 하고 있습니다. 그들은 우리를 미워하고 있고, 미국에 좋은 것이라면 모두 반대하기 때문에 우리를 공격합니다. 그들은 우리가 번영하기 때문에 우리를 미워합니다. 그들은 우리가 관대하기 때문에 우리를 미워합니다. 그들은 우리가 행복하기 때문에 우리를 미워합니다. 무엇보다도 그들은 "우리가 자유롭기에 그리고 생존과 자유의 승리를 확보하기 위해서라면 우리가 어떠한 대가라도 기꺼이 치르고자 하고, 어떠한 부담이라도 기꺼이 지고자 하며, 어떠한 고난이라도 기꺼이 감내하고자 하고, 어떠한 친구라도 발벗고 돕고자 하며, 어떠한 적이라

THE LEADER'S VOICE

도 용납하지 않으려 하기" 때문에 우리를 미워합니다. 어떠한 실수도 용납하지 마십시오. 이것은 서구 문명을 위한 싸움입니다. 만일 이 괴물들을 우리가 파괴하지 않으면 그들이 우리를 파괴할 것이고, 우리의 자식들과 그들의 후손들은 영원히 두려움 속에서 살아갈 것입니다.

미국만이 그들을 저지하고 파괴할 수 있는 유일한 국가입니다. 오직 미국만이 세계 어디까지라도 이러한 광신자들을 추적하여 무너뜨릴 수 있는 강인한 정신력과 막대한 자원을 가지고 있습니다. 우리는 친구와 동맹국을 많이 가지고 있지만, 우리 스스로 조상들이 이룩해내고 목숨으로 지켜온 이 세계의 지도자 역할을 해야 합니다. 우리의 해군력은 사태 해결의 중요한 역할을 담당합니다. 전함 엔터프라이즈, 칼 빈슨, 키티 호크, 테디 루스벨트, 존 스테니스와 그 승무원들이 우리보다 앞서서 이미 가 있습니다. 오늘 밤 적들은 USS 존 F. 케네디의 힘을 맛보게 될 것입니다. 정의를 위한 폭격은 이제 우리의 몫이고 우리는 엄청나게 퍼부을 것입니다.

수백만의 미국인들이 오늘 밤 우리와 함께 바로 여기에 있고 싶어합니다. 그들은 트윈타워가 무너지는 것을 속수무책으로 지켜보았고, 우리 조국과 우리의 생활 방식을 지켜낼 그 어떤 조치를 취하기를 원합니다. 오늘 밤 우리에게 있어 기다림과 속수무책은 더 이상 의미가 없습니다. 우리는 우리 자신보다 훨씬 더 위대한 그 어떤 존재의 일부가 되는 지점에 도달하였습니다. 해군에 남아 있든 시민의 삶으로 돌아가든, 무엇을 하든 어디에 가든, 우리의 남은 삶 동안 우리는 2002년 3월 10일 자유를 위해 함께 여기 와서 일격을 가했노라고 기억할 것입니다.

우리 모두는 지원자들입니다. 우리 대부분은 나라를 위해 그리고 보다 나은 자신을 위해 봉사하려고 해군에 입대하였습니다. 오늘 밤과 이어 도래할 여러 밤들 동안에 우리에게는 일생일대의 기회, 다시 말해 이 세계에 정말로 커다란 차이를 만들어낼 수 있는 기회가 주어진 것입니다. 우리 모함의 이름으로 지금도 우리에게 기억되고 있는 존 F. 케네디는 생전에 "단 한 사람이 현재와는 다른 미래라는 차이를 만들어낼 수 있고, 모든 사람이 이를 시도해야 합니다"라고 썼습니다. 오늘 밤 우리가 그 차이를 만들어냅시다! 우리는 그 힘과 다양성에서 모두 미국을 대표합니다. 우리는 남성과 여성으로 이루어져 있고, 부유한 사람과 가난한 사람으로 이루어져 있으며, 흑인과 백인으로 아니 모든 색깔을 가진 사람들로 이루어진 인간 무지개입니다. 우리는 기독교인, 유대인, 그리고 맞습니다 이슬람교도입니다. '우리는 미국입니다.'

이 전쟁은 짧거나, 즐겁거나, 쉽지 않을 것입니다. 이미 우리의 폭격기, 우리의 경찰, 우리의 육군, 우리의 해군, 우리의 공군, 우리 해병대원의 희생을 요구하였습니다. 더 많은 사람이 희생될 것입니다. 하지만 결국은 우리가 이길 것입니다. 왜냐하면 바로 우리는 테러리스트들이 미워하는 번영하고, 행복하고, 관대하고, 그리고 무엇보다도 자유로운 존재들이기 때문입니다.

우리와 함께 여기 있고 싶어하는 미국인들은 비록 육체는 여기 없지만 정신은 우리와 함께 여기 있습니다. 미국 역사상 우리 나라가 지금처럼 이렇게 완전히 결합한 적이 없었으며, 지금처럼 목적이 확고했던 적도 없었습니다. 모든 사람들이 우리를 축하해주고 있으며, 우리의 안전과 우리의 성공을 위해 기도하고 있습니다. 우리 가족들은 바로 우리 뒤에서 100퍼센트 함께하고 있습니다. 우리는 그들을 실망시키지 않을 것입니다. 우리는 명예와 용기를 중요하게 생각하며, 그리고 기꺼이 헌신하고자 하는 사람들입니다.

나는 에이브러험 링컨이 말했듯이 "미국이야말로 세계를 위한 최후의, 그리고 최고의 희망이다"라는 말을 믿습니다. 오늘 밤 우리는 희망으로 타오르는 그 횃불을 처들고 있습니다. 우리는 이 횃불이 계속 밝게 불타오르도록 해야 합니다.

한치의 빈틈도 없어야 합니다. 집중하십시오. 안전하게 있으십시오. 여러분을 세계에서 최고의 수병, 세계사에서 최고의 수병으로 만들어준 훈련을 활용하십시오. 여러분의 신앙과 여러분의 함대 동료를 믿으십시오. 여러분 모두에게 신의 축복이 가득하길 기원합니다. 조국 미국에 신의 축복이 넘치길 기원합니다.

우리는 헨더슨 함장에게 이 메시지를 통해서 무엇을 달성하고자 했는지 물었다. 그는 "(그들은) 젊고, 단순한 남성과 여성들입니다. 그들은 우리가 그들에게 요구하는 그 어떤 것도 이루기 위해 고난을 극복하였습니다. 그들 각자가 맡은 과업이 비록 하찮게 보일지라도 그 중요성을 이해하고 그 일에 지속적으로 집중하여 준비해주기를 원했습니다"라고 대답했다. 우리는 또한 그의 메시지의 효과에 대하여 어떻게 느꼈는지 물어보았다. "나는 승무원들에게 동기를 부여하고 그들을 집중시키는 데 성공했다고 믿습니다…… 그들 자신을 최고의 특별한 팀의 일원으로 생각하도록 격려하였습니다…… 수많은 승무원들이 나의 메시지에 대해 언급하면서 감사하다고 말했습니다. 사실 나는 아이러니를 발견합니다. 왜냐하면 나의 의도는 그들을 존경하고 그들에게 감사하는 것이었기 때문입니다."

안개를 제거하라. 결합하고 고무시켜라. 그들의 공헌에 대해 존경을 표시하라.

THE LEADER'S VOICE

CHAPTER 10

ONEVOICE

한 목소리

리더가 간단하고 심오한 몇 가지를 커뮤니케이션하는 데 실패한다면
복잡한 백만 가지를 전달해야 한다

헬리콥터가 안개를 뚫고 궤도를 수정할 때 데이브 브라운의 속이 뒤틀렸다. 안개는 이탈리아 아고르도 근처 알프스 산맥 남쪽에 있는 몽마르몰라다를 뒤덮고 있었다. 데이브는 헬리콥터 비행보다는 오히려 땅 위에서 그를 기다리고 있는 것에 더 관심을 갖고 있었다. 그는 렌즈크레프터즈의 모회사인 유에스 슈를 공격적으로 인수하여 새로이 그의 상사가 된 이탈리아 샘 월튼(Sam Walton) 회사의 레오나르도 델 베치오(Leonardo Del Vecchio)와 만나기로 되어 있었다. 델 베치오의 룩소티카(Luxottica)가 이전에는 렌즈크레프터즈의 한 벤더(vendor)였으나 이제는 모회사가 되어버렸다. 데이브는 미국에 돌아가게 되면 1만 명이나 되는 직원들에게 무슨 말을 해야 할지 고심했다. 그에게 두 가지 은유가 떠올랐다. "우리는 산 하나를 올랐고, 또다시 산 하나를 올라야 한다." 발아래 계곡을 감싸고 있는 안개를 쳐다보면서 그는 "만일 우리가 손을 단단히 붙잡고 계속 나아간다면 더 높은 산 정상까지도 오를 수 있다"는 생각을 하였다.

데이브와 레오나르도의 첫 만남은 극히 직업적이었고 정중하였다. 레오나르도는 최근의 기업 인수에 대해 대범함과 인내심을 보여주었다. 그러나 그들은 문자상으로 그리고 은유적으로도 서로 다른 언어를 말하고 있었다. 룩소티카는 브랜드 중심의 회사였고, 렌즈크레프터즈는 비전과 가치 중심의 회사였다. 룩소티카는 제조와 도매에 종사했으나 렌즈크레프터즈는 소매업을 영위하고 있었다.

데이브는 렌즈크레프터즈를 특별하게 만든 핵심 역량을 잃지 않겠노라고 결심하였고, 반면에 룩소티카는 투자에 대한 추가적인 이익을 얻고자 기대하였다. 데이브는 미국에 돌아와 동업자들과 대화를 나눌 때 그들에게 안개 속의 등산을 상징으로 삼아 커뮤니케이션을 하였다. "그 은유는 불확실한 한 해를 성공적으로 보내는 데 큰 도움이 되었습니다"라고 그는 말했다. 그는 동업자들에게 만일 도움이 필요하면 그들이 해야 하는 것은 "서로의 손을 좀더 단단히 붙잡아주는 것뿐"이라고 말하였다.

데이브는 레오나르도와의 관계에 대해 이야기하면서 "언어와 문화의 차이가 무척 힘들게 하였으나 놀랍게도 우리는 정말로 가슴 수준에서 통하는 게 있었다"고 하였다. 레오나르도의 아들이면서도 이례적으로 자신의 능력으로 임원이 된 클라우디오 델 베치오(Claudio Del Vecchio)는 '시력의 선물 프로그램'을 받아들여 자기 아버지로 하여금 이를 가시화할 수 있게 하였다. '시력의 선물 프로그램'은 가진 것은 거의 없으면서 가장 많은 것을 필요로 하는 사람들에게 시력을 선물로 주는 것이다. 이렇게 고위 임원 세 명은 모두 세상 사람들이 볼 수 있도록 돕는 일과 시력의 선물 프로그램이라는 회사의 비전에 대하여 강한 확신을 갖게 되었다. 인수자와 양도자가 동일한 미래를 바라보기 시작함에 따라 그들이 처한 공통의 입장은 사업상의 불확실성을 제거하는 데 많은 도움을 주었다. 데이브는 그때의 경험을 "역사상 가장 무난한 적대적 기업 인수"였다고 표현하였다.

렌즈크레프터즈는 탁월한 CEO 세 명을 가짐으로써 신의 축복을 받았다고 할 만했다. 밴 허드슨은 초기에 성장률을 높이는 데 공헌하였고, 예외에 가까운 성과를 내도록 고무시키는 비전과 가치를 설계하였다. 데이브 브라운은 머리뿐만 아니라 가슴도 비즈니스에 가치를 부가한다는 점을 발견하였다. 현재의 CEO인 클리프 바토우는 소매업에 대한 통찰력과 총명함으로 성장과 이익에서 새로운 기록을 수립하였다. 세 사람 모두 조직이 보다 많은 성과를 내도록 각자가 많은 기여를 하였고, 조직의 핵심 주제에 각자의 독특한 목소리를 보탰다. 이들은 통합, 인간적인 모습, 그리고 헌신의 리더들이다. 이들은 우리가 한 목소리의 회사라 부르는 것을 만들어내기 위해 정열적으로 정말 열심히 일하였다.

우리가 렌즈크레프터즈나 TNT와 같은 한 목소리의 회사를 발굴할 때마다 우리는 역설적인 마술을 발견한다. 그것은 첫째, 보다 높은 질서와 상징적인 이미지가 구성원들을 감정적으로 통합한다는 점이다. 둘째, 중단 없는 업무 수행이 의미 있는 이상을 의미 있는 업무로 전환시킨다는 점이다. 미국 농무성 장관과 말일(末日) 성도 예수 그리스도 교회의 총회장을 지냈던 에즈라 태프트 벤슨(Ezra Taft Benson)이 언젠가 "일이 없는 비전은 백일몽과 다름없다. 비전이 없이 일하는 것은 고단하기 짝이 없다. 일을 가진 비전은 숙명과 같다"라고 말한 적이 있다.

할리 데이비슨의 고위 임원은 "우리가 파는 것은 43세의 회계사가 검은 가죽옷을 입고 작은 도시를 지나면서 사람들을 겁나게 만드는 능력입니다"라고 설명하였다. 말 그대로 할리 데이비슨은 한 목소리의 회사로 유명하다. 이 회사의 제품 구성을 확인해보라. 이 회사의 웹 사이트를 방문하여 그들의 결산 보고서를 읽고 그 대리점을 찾아가보라.

신시내티 주에 있는 메타포 스튜디오(Metaphor Studio)는 규모는 작지만 분명 한 목소리의 회사이다. 창의적인 예술가들과 개발에만 몰두하는 프로그래머들로 구성된 이 그룹은 오직 한 가지 일, 즉 위대한 고객체험에 대해서만 이야기한다. 모든 회의는 항상 이 질문으로 시작한다. "고객 체험이 어떻게 되어야 할까?"

제인 앤 가디아(Jayne-Anne Gadhia)는 꿈을 추구하는 은행가이다. 리처드 브랜슨즈 버진(Richard Branson's Virgin)이 전통적인 항공기와 철도 사업을 새롭게 변모시켰듯이 그녀도 금융을 변화시키고자 희망하였다. 1994년 제인 앤은 상상력을 행동으로 옮겨, 전문 용어를 쓰지 않고 고객에 초점을 맞춘 금융 서비스 회사인 버진 다이렉트(Virgin Direct)를 설립하여 이끌게 되었다. 그 후 1997년에 그녀는 버진 다이렉트의 성공을 담보로 혁명적인 버진 원(Virgin One) 계정을 만들어 투자를 이끌었다. 버진 원의 기본 개념은 수표, 저축, 증권, 저당 등 고객의 모든 돈을 오직 하나의 계정에 넣어두는 것이다. 이러한 생각은 은행업의 규정에 정면으로 도전하는 것이었다. 제인 앤은 가능성이 전혀 없고 전문가의 의견에 맞지 않은 이러한 사업을 일으켰다. "모든 사람이 망할 것이라고 말했죠"라고 그녀는 말했다. 그녀는 이 단 하나의 아이디어를 끊임없이 커뮤니케이션한 결과 모험을 선호하는 동업자들로부터 호감을 샀다. 사장의 도움으로 3년도 채 지나지 않아 그녀와 800명의 헌신적인 직원들이 버진 원을 세웠고, 7만 명의 고객에게 40억 파운드를 대출하고 있는 회사가 되었다.

복잡한 백만의 메시지

리더들은 간단하고 심오한 몇 가지를 커뮤니케이션하는 데 실패하면 복잡한 백만 가지를 전달해야 한다. 여러분 회사로부터 주요한 구성원인 주주·고객·근로자·동업자 등에게 보낸 수천 통의 메시지를 생각해보라. 만일 여러분이 전형적 비즈니스 유형을 취하고 있다면 여러

THE LEADER'S VOICE

분 회사 내부의 서로 다른 집단들은 각각 서로 다른 메시지에 담긴 내용들에 대해 각각 다른 책임을 지게 될 것이다. 최고재무책임자(CFO)와 투자 설명회 담당자는 주주의 메시지를 책임진다. 마케팅 부서는 고객 브랜드 메시지를 책임진다. 인적 자원 또는 커뮤니케이션 부서는 회사 내부의 메시지를 책임진다. 최고운영책임자(COO)는 전략 메시지를 책임진다. 만일 회사가 웹 사이트를 가지고 있다면 여러분은 판매·훈련·홍보에 더하여 추가적으로 백만 가지 혼합된 메시지를 책임질 가능성이 높다.

한 목소리 마술은 높은 수준의 상징적 메시지를 완벽한 실행과 연결시켜 결합과 성공을 위한 최고의 기회를 만들어낸다.

브랜딩—다음 과제

비즈니스 사회는 불과 1, 2년의 기간에 걸쳐 반복적으로 복잡성과 씨름하여 새로운 개념, 새로운 아이디어와 같은 구원자를 끌어낸다. 이러한 구원자는 혼돈 상태로부터 새로운 구조를 만들어내어 올바른 방향을 제시한다. 브랜딩은 새롭고도 구원을 주는 개념처럼 보인다. 그것은 공통점이 없이 혼란스러운 메시지들을 대신하여 한 목소리, 하나로 통합시키는 요소, 하나의 집합점을 창조하고자 한다.

넓은 의미의 브랜드는 고객들에게 여러분이 약속한 것, 그리고 동업자들에게는 여러분이 대표하는 것, 벤더들에게는 여러분이 필요로 하는 판매상들, 그리고 투자자들에게는 앞으로 여러분이 실행하려는 것을 설명해준다. 브랜드는 이제 주의를 끌고 흥미를 유지함으로써 차별화하기 위한 새로운 전쟁터이다.

알력, 혼란 그리고 실적 악화

피터 드러커에 따르면 "어느 조직에서고 자연적으로 일어나는 유일한 현상이 있다. 그것은 바로 알력, 혼란 그리고 실적 악화이다. 다른 모든 것은 리더십의 결과이다." 일관성이 없는 메시지는 이 세 가지 파괴적인 요소 모두를 가속화시킨다.

조직 내에 '한 목소리로 말하기' 를 만들어 나가야 할 책임은 솔직히 고위 리더십 팀의 어깨에 달려 있다. 피터 셍게(Peter Senge)는 "모든 조직은 숙명, 즉 조직의 존립 근거를 발현하려는 심오한 목적을 가지고 있다"라고 주장한다. 고위 리더십 팀 전체는 한 목소리로 말하기 위하여 동일한 '숙명' 과 동일한 '심오한 목적' 을 커뮤니케이션해야 한다.

정렬은 일차적으로 감정적인 과정이지 논리적인 과정은 아니다. 그러나 아직도 대부분의 관리자들이 자기 시간의 90퍼센트를 사실을 정렬하는 데 쓰고 나머지 10퍼센트만을 훨씬 더 어려운 과업인 마음과 정신의 정렬에 쓰고 있는 실정이다.

내부의 불

2002년 2월 5일 자정이 막 지나서 밥 챔버스(Bob Chambers)는 트윈 픽스 산의 6천 피트 높이에서 눈 속에 허리까지 묻힌 채 서 있었다. 바람이 차갑게 불어 기온을 영하로 떨어뜨렸다. 밥은 한 손에 6피트 길이의 폴을, 그리고 다른 손에는 휴대폰을 들고 있었다. L. L. 빈(Bean) 상표의 두 겹으로 만든 내의가 그의 몸을 따뜻하게 유지해주고 있었지만, 마음은 그의 열정으로 덥혀지고 있었다. 그는 올림픽이라 불리는 위대한 인류의 활동에 참가하여 일익을 담당하고 있었다. 그는 바로 그 순간을 향해 일하면서 솔트 레이크 동계 올림픽 경기의 시작을 괴롭혔던 스캔들이나 뇌물에 대해서는 전혀 생각하지 않았다. 그는 자기 회사가 벌 수도 있었던 그 엄청난 돈에 대하여 일체 생각하지 않았다. 그는 우리에게 "이때가 저의 경력에서 가장 빛나는 순간이었습니다"라고 이야기했다.

1952년 금메달 리스트이며 유타 주에 살고 있는 슈타인 에릭슨(Stein Erickson)은 유타 주 청사 건물 계단부터 트윈 픽스를 향해 올림픽 성화를 가리키고, 밥은 스위치를 눌렀다. 일순간에 1,850개의 폴 끝에 달린 압축 형광등이 산을 가로질러 서로 맞물려 있는 축구 경기장 3개보다 더 큰 거대한 오륜을 비추었다. 동시에 폭죽이 터지고 군중들은 환호성을 질렀다. 앞으로 16일 동안 30억 명 이상이 외계에서도 보일 만큼 커다란 '둥둥 떠 있는 오륜'을 보게 될 것이다.

스콧 기븐스(Scott Givens)는 솔트 레이크 조직위원회(SLOC)의 홍보 그룹 전무이사로 일했다. 그는 대단히 창의력이 뛰어난 광고업자 고든 보웬(Gordon Bowen)에 의해 1차 개발된 '내부의 불을 밝혀라'라는 주제를 통합하여 완성하는 책임을 맡았다. 2000년 3월 조직위원회 위원장 미트 롬니(Mitt Romney)가 그 주제를 승인하자 그것은 곧 세계에 공개되었다. 주제는 다른 영감을 주는 것으로 정해질 수도 있었다. 그러나 이 리더들은 자신들의 직원들, 수백의 벤더들, 그리고 거의 3만 명에 이르는 자원 봉사자들의 가슴과 정신을 정렬시키도록 위임받았다. 우리가 미트 롬니와 대화를 가졌을 때 그는 이렇게 말했다. "우리는 다양한 집단의 이익을 정렬할 수 있었습니다. 우리 모두가 하나의 인간 가족으로서 훌륭한 공통의 가치를 공유하고 있기 때문입니다."

동계올림픽 조직위원회는 100년의 올림픽 역사책에 한 페이지를 더할 기회를 갖게 되었음을 깨달았다. 그들은 제각기 영감을 주는 스토리를 가진 지원자 십만 명 가운데 11,500명의 주자를 뽑아 성화 봉송을 시작했다. 성화는 안쪽에서 불꽃이 빛을 내는 금속과 유리로 만든 횃불이었고, 봉송 프로그램은 코카콜라가 후원하였다.

"미트와 저는 모든 준비를 제대로 갖추어 정렬하는 것에 대해 길고 긴 토론을 하였습니다"라고 스콧이 말하였다. "우리는 개막식 행사 부문에서 A를, 메달 수여식 부문에서 A를, 그리고 대회 개최지 부문에서 A를 받을 수 있었습니다. 그러나 우리는 졸업생 대표처럼 지금까지의 올림픽 대회 모두를 대표하기 위해서는 전부 A를 받을 필요가 있었습니다."

스콧은 디자인 기준을 명확하게 규정했는데, 이는 홍보 그룹에게 큰 도움이 되었다. 스콧은 이렇게 말했다. "저는 우리가 누구인지, 그리고 우리가 무엇이 아닌지에 대하여 알아볼 수 있도록 실제로 다섯 페이지에 걸쳐 전체 윤곽을 작성하였습니다." "저는 엄격하고도 충실한 규칙을 썼습니다." 그는 이 규칙이 제공하는 주제와 규정의 강도가 후원자들, 벤더들, 그리고 자원 봉사자들로 하여금 자유롭게 그들의 목소리를 영감을 주는 하나의 아이디어로 더하여 통합시킬 수 있게 하였다. "벽이 우리를 보다 창의적이게 하였습니다. 왜냐하면 우리는 우리가 누구인지를 알았기 때문입니다. 벽은 예술가들과 작가들로 하여금 벽 내부에서 그들 자신을 펼쳐 확장시켜내는 방법을 보게 하였습니다."

스콧은 항상 존재하는 '빛의 어린이들' 이 개막식을 책임진 한 벤더에게서 직접 나온 아이디어였다고 말한다. 아이들은 모든 이벤트와 축하에 참가했다. 그들이 작은 전등을 들고서 메달 리스트들을 관람석으로 안내하였다. "우리 스탭들 모두가 어떻게 하면 주제를 도입하여 펼쳐 보일 수 있을까 그 방법을 찾고자 애썼습니다." 깃발과 안내판의 색깔을 이용하여 주제가 커뮤니케이션되도록 하였다. 솔트 레이크 시내로 걸어 들어가는 사람이면 누구나 메달 광장에 다가갈수록 청색부터 황색까지의 색깔이 불타오르는 것을 볼 수 있었다. 주제가 모든 메달리스트들에게 각각 각인되었다. 이는 국제올림픽위원회가 예전에는 결코 허용해본 적이 없는 일이었다. 이와 같은 행동과 세부 사항이 '내부의 불을 밝혀라' 라는 개념을 따라 전체 올림픽 조직을 정렬하는 데 커다란 도움을 주었다.

올림픽 커뮤니케이션 원칙

우리는 스콧 기븐스와 대화하면서 세 가지 원칙이 떠올랐다. 첫째는 단순하고 상징적인 주제가 수천 명의 가슴과 마음을 정렬시킬 수 있다는 것이다. 스콧은 "사람들이 자기 방식으로 소유하고 해석하며 사용할 정도로 위대한 것은 단순성이었습니다" 라고 했다.

둘째로 규율의 중요성이다. "미트는 훌륭한 동반자였습니다. 왜냐하면 그는 항상 나를 체크했기 때문입니다. 만일 우리가 정렬되어 있지 않으면 그는 즉시 그것을 알아냈습니다" 라고 스콧은 얘기했다.

세번째 원칙은 규율을 갖춘 리더가 강력한 주제를 어떻게 사용하여 서로 이질적인 구성원들을 자연스럽게 정렬시키는가 하는 방법에 관한 것이다. "정렬은 강제적으로 되지 않습니다" 라고 스콧은 이야기했다. 수천 명의 직원들과 수백의 벤더들, 그리고 수십억 달러의 예산을 쓰는 조직을 강제로 정렬시키기는 불가능하다. 스콧 기븐스 자신이 모든 장소에 존재해 있고, 모든 주석을 달고, 그리고 모든 표지판을 디자인할 수는 없었다. "정렬에서 가장 중요한 부분은 사람들이 스스로 알아서 일렬로 늘어서는 것입니다"라고 그는 말했다.

밥 챔버스의 회사인 '이츠 얼라이브 컴퍼니(It's Alive Co.)'는 단지 하나의 벤더에 불과했다. 그러나 그는 무엇을 해야 하는지를 정확히 알고 있었다. "조직위원회가 우리의 프로젝트와 다른 사람들의 프로젝트의 차이를 구별할 수 없다고 말한 것이 정말 맞는 말이었다는 것을 활동 과정을 밟기 시작하면서 곧 이해하게 되었습니다. 모든 프로젝트들이 도시 전체를 성화의 환상 속으로 들어가게 하는 것에 관한 것이었습니다"라고 그는 힘주어 말했다.

동계 올림픽이 끝나고 나서 수주 후 솔트 레이크 시티에 있는 조직위원회 사무실을 지나칠 때, 동업자들이 자기 마음속에 성화가 아직도 깜박거리고 있다고 이야기하였다. 그들이 경기를 치르는 16일 동안 자기 내부의 피곤함과 투쟁할 때 성화는 내내 그들을 지탱해주었다. 업무가 다 끝난 직원들 속에 "당신을 위해 불을 켜놓고 갑니다"라고 놀리는 사람은 거의 없었다.

올림픽 사업

코카콜라와 그 외 후원업체들에게 올림픽 경기 대회는 거대한 비즈니스이다. 헤이븐 리비에르는 코카콜라의 수백만 달러 후원금을 책임지고 있었다. 그는 다음과 같이 말했다. "참여한 사람들이 주제에 있어서 시종일관하였습니다. 그 점이 우리에게는 매우 중요합니다. 만일 그들이 주제를 바꾸었더라면 사람들은 그들이 하고 있는 일과 우리가 하고 있는 일 사이의 연결을 보지 못했을 것입니다. 솔트 레이크가 수행했던 대단한 일은 자신들이 서로 다른 수많은 집단을 참여시키고 있다는 점을 인식했던 것입니다. 그들은 선수들, 관람객들, 관람석의 팬들, 그리고 마케팅 후원업체들과 함께 일해야만 한다는 점을 인식하고 있었습니다."

미트 롬니와 솔트 레이크 조직위원회의 리더십은 한 목소리를 가지고 말하였다. 롬니는 우리에게 이렇게 말했다. "우리가 달성하고자 희망한 공통의 비전은 모든 사람이 기꺼이 사들일 수 있는 그 어떤 것이었습니다. 우리의 벤더들과 후원자들은 그들의 가치를 커뮤니케이션하는 그 어떤 것을 보았습니다." 솔트 레이크 올림픽은 추문, 뇌물, 또는 상업주의에 관한 것이 아니었다. 그것은 9·11 테러에 관한 것도 아니었다. 만일 강력한 상징적 주제가 없었더라면 그와 같은 것들에 관한 대회로 흘러버렸을 것이다.

겨울철 운동 경기는 여름철 운동 경기를 결코 능가하지 못한다. 그러나 솔트 레이크 대회는 애틀랜타 대회보다 더 많은 후원금을 받았다.

- 솔트 레이크 조직위는 입장권을 1억 7천3백만 달러 어치 팔았는데, 1998년 일본 나가노에서 팔린 매수의 두 배이다.
- 방송 중계권료는 5억 4천5백만 달러를 기록하여 황금시간대 시청자보다 두 배 반이나 더 많은 시청자를 끌어들였다.
- 25만 명이 유타 주를 방문하여 3억 5천만 달러를 썼다.

· 솔트 레이크 시티는 대회를 통해 약 3백6십만 달러의 순이익을 내고 2002년 동계 경기를 마감하였다.
· 솔트 레이크 시티는 총 48억 달러의 경제적 효과를 거뒀다.
· 솔트 레이크 조직위는 황금시간대 TV 시청률을 평균 149퍼센트까지 늘렸다. 1994년 노르웨이 릴레함메르 대회는 130퍼센트였다.
· 솔트 레이크 조직위는 주 정부에 전용 판매세 수입으로 5천9백만 달러를 지불하였고, 앞으로 수십 년 간 경기장 운영을 보조하기 위해 유산 기금으로 수백만 달러를 더 낼 것을 약속하였다.

미트 롬니의 오른팔인 프레이저 불록(Fraser Bullock)은 솔트 레이크 시티의 '데저트 뉴스'와의 인터뷰에서 미트의 노동 윤리에 대해 이렇게 말하였다. "저는 미트가 일주일 내내 밤낮도 가리지 않고, 심지어는 비행기를 타고 있는 중에도 일하는 것을 지켜본 유일한 사람입니다. 그리고 재정 상황이 얼마나 비참한 지경이었는지도 알고 있었습니다. 그런데 미트가 대회의 방향을 절대적으로 바꿔낸 것만은 확실합니다…… 미트의 리더십이 없었더라도 대회는 치러졌겠지요. 그러나 적자로 세금이 축났을 겁니다. 예전처럼 잘 치러지지 않았을 것이고요. 그리고 온 세계에 우리가 해냈던 만큼 잘 보여주지도 못했을 거라고 생각합니다. 그의 리더십이야말로 대회를 성공시킨 모든 것이죠." 미국 올림픽 위원회의 위원장인 로이드 워드(Lloyd Ward)는 『뉴욕타임스』를 통해 "솔트 레이크는 그야말로 올림픽 마크와 우리의 브랜드 자산을 다시 태어나게 한 대회였습니다"라고 이야기하였다. 밥 챔버스는 이것을 다음과 같이 표현하고 있다. "우리가 모든 개인적 부분들을 통합하여

보다 큰 아이디어로 정렬시켜낼수록 지켜보고 있는 시청자들에게 더 많은 것을 보여줍니다."

지금부터 앞으로 여러 해 동안 사람들은 '빛의 어린이들' 을 기억하게 될 것이다. 그들은 트윈 픽스에 있는 거대한 오륜도 기억할 것이다. 지금으로부터 50년 후, 지미 쉬어(Jimmy Shea)의 손녀가 선 밸리 올림픽 경기에서 선수로 경쟁하게 된다면 그녀는 자기 할아버지가 솔트 레이크에서 딴 금메달을 자랑스럽게 휘둘러댈 것이다. 온 세상 사람들이 볼 수 있도록 그 메달에 새겨져 있을 말은 '내부의 불을 밝혀라' 일 것이다.

글을 마치며

　"리더들은 역사의 흐름 속에서 행동한다"라고 존 W. 가드너는 이야기했다. 9·11 테러 사건이 일어나기 하루 전인 2001년 9월 10일까지도 뉴욕시장 루돌프 줄리아니(Rudolph Giuliani)는 암과 투쟁하며 이혼 스캔들로 만신창이가 되어 있는 레임덕(lame-duck) 시장에 불과했다. 그러나 테러 사건을 모두 수습하고 난 120일 후에 그는 시사 주간지 『타임』지에서 '올해의 인물'로 선정되었다. 상황이 180도 변하게 되었는데, 이는 줄리아니 시장이 자신의 온 능력과 관심을 기울여 대응한 결과였다.

　순간 순간을 잘 이해하는 것도 중요하다. 하지만 위대한 커뮤니케이터들은 모든 상황을 둘러싸고 있는 보다 큰 현실을 잘 이해하고 있다. 최고의 커뮤니케이터들을 평가해본 결과 그들은 하찮은 일에 그다지 영향을 받지 않는다는 것을 알 수 있었다. 그들은 하루 하루를 보다 큰 배경과의 대비 속에서 조망하기 때문에 커뮤니케이션을 해야 할 가장 중요한 사실들, 감정들, 그리고 상징들을 올바로 선택할 수 있었다. 그들은 시간의 제약을 받는 것들을 힘들이지 않고 시간과 무관한 것들과 연결시키는 것처럼 보였다. 리더가 자신과 구성원들을 한 순간에 무대에 오른 인형으로 보기보다는 오히려 시간을 가로지르는 영화 배우들처럼 바라볼 때 비로소 리더는 정황을 올바로 이해할 수 있게 된다.

혁명의 탄생

우리의 일하는 삶을 바꾸는 기술적이고 사회적인 강력한 힘을 보다 올바로 이해하기 위해서 역사 채널을 한번 클릭해보자. 1445년 요한네스 구텐베르크(Johannes Gutenberg)의 인쇄술이 풀어놓을 지적 탐험과 경제 번영의 홍수를 제대로 평가한 사람은 아무도 없었다. 그 후 50년도 지나지 않아 세계의 도서관은 3만 5천 개에서 거의 1천만 개로 팽창하였다. 두 세대를 거치면서, 부유하고 힘있는 사람들만이 정보를 가진 세상에서 대부분의 일반 가정이 정보에 접근하여 해독할 수 있는 세상으로 변하였다. 수도회의 독점하에 고용되어 일하던 1만여 명에 달하는 수도사들은 이동식 활자의 등장으로 인해 달필과 원문 필사가로서 존경받던 지위를 잃게 되고 말았다. 인쇄 회사는 하층 출신자들을 새로운 기업가 계급으로 만들었다. 인쇄기의 하드웨어가 더욱 보편화되자 출판업자들은 인쇄물의 내용을 통제할 수 있는 힘을 키워 나가며 지배력을 얻게 되었다. 이동식 활자 인쇄기의 급증은 과학과 예술의 문예부흥, 종교 개혁, 그리고 정치적 혁명을 자극하였다.

인쇄기가 일의 자연적 모습과 세계를 이런 정도로까지 변화시킬 수 있었음에 비추어 과연 현대 기술은 앞으로 무엇을 초래할 것인지 상상해보라.

일의 새로운 세계 창조

예측 가능한 미래에는 정보가 비즈니스의 자원이 되고, 혁신은 일상적인 일이 될 것이다(앞으로 나가기 전에 이 문장을 세 번 읽어라). 이러한 미래에 가장 적합한 조직 구조는 분할 네트워크이다. 분할 네트워크에서 정렬을 만들어내기란 위계 구조나 행렬 구조에서보다 더욱 어렵다. 위계 구조에서의 커뮤니케이션은 상하로 이루어지고, 행렬 구조에서는 커뮤니케이션이 입력되거나 출력되면서 그 내용이 맞은 편 해당 부서로 가로질러 건너뛰어 이루어진다. 두 경우 모두 커뮤니케이션은 일반적으로 미리 결정된 직선을 따라 전해지고 권력과 절차에 따라 추진된다. 계획적으로 분할된 네트워크는 자원과 커뮤니케이션의 자유스러운 흐름을 요구한다. 위계 구조와 행렬 구조는 근본적인 조직 원리로서의 권력을 공유한다. 그러나 분할 네트워크는 업무 자체에 의해 조직화된다. 모든 것은 오직 한 가지, 즉 중요한 일을 지원하기 위하여 조직화되고 재조직화된다. 분할 네트워크에서의 커뮤니케이션은 그 메시지의 적합성과 리더의 신뢰성에 의해 힘을 얻게 된다. 리더의 소리는 네트워크의 자연 발생적이고 혼란스러운 잡음을 뛰어넘어 들리게 된다.

산업 시대의 위계 구조로부터 현대의 행렬 구조로의 전환은 막대한 생산성의 증가를 가져왔다. 미국의 자동차 제조업체들은 개념을 도출하고 이를 생산하는 데 무려 7년이 걸렸으나 이제는 24개월 이내에 해낼 수 있다. 분할 네트워크는 조직 구조의 새로운 경계선과 개인의 공헌을 통해 더욱 큰 생산성의 이익을 약속한다.

'테러리스트들이 인공위성을 이용한 무선 전화와 암호화한 이메일을 사용하는 시대에 미국의 안보 담당자들은 그들에 대항하여 연필과 서류 작업, 서로 통신이 이루어지지 않는 낡아빠진 컴퓨터 시스템으로 무장하고 서 있다"라고 『보스턴 글로브(The Boston Globe)』지가 2001년 9월 30일에 보도하였다. 기업들이 경쟁하기 위해 구조를 바꾸는 것처럼 법 집행과 군사력도 전쟁의 현실에 발맞추기 위해 구조를 바꾸고 있다. 안보이든 기업이든 두 경우 모두 권력보다는 커뮤니케이션이 열정적 정렬을 만들어가고 있다.

일의 의미

우리 할아버지는 농부였다. 자연에 의존하는 농업은 나름의 의미와 목적을 가지고 있었다. 만일 그들이 여름에 농사를 잘하게 되면 그들은 겨우내 잘 먹고 살 수 있었다. 그들은 해마다 봄에는 씨를 뿌리고 가을에는 풍성한 수확을 기뻐하였다. 우리 아버지는 산업 시대의 사람이었다. 아버지 세대는 물건을 만들었다. 그들의 시대에는 전에는 어디에서도 볼 수 없었던 빌딩과 기계들이 세상을 채우게 되었다.

아이다호의 스네이크 리버 밸리를 통과하며 33번 주(州) 고속도로를 따라 운전하면서 보이드 클라크와 그의 아버지 레이는 드문 순간을 경험하였다. 레이는 벽돌공이었다. 그는 그의 직업을 상징하는 두꺼운 굳은살과 뽀빠이 팔을 가졌다. 레이는 병들었으며, 아들에게는 차마 말하지 못하고 있지만 그는 시한부 인생이었다. 그들이 계곡을 통과할 때 레이는 자기가 세운 수많은 빌딩을 가리켰다. 보이드는 이렇게 물었다. "아버지, 이 수많은 빌딩들은 제가 죽은 후에도 오래오래 여기에 있을까요?"

그러자 레이가 말했다. "인생을 살아가는 데 결코 후회스러운 길은 아니지."

보이드는 짤막하게 말을 끝내는 아버지의 얼굴을 바라보았다. 그것은 보이드가 아버지의 연장을 닦고 정리할 때면 늘상 보곤 하던 만족감이 깃들인 얼굴이었다. 레이는 곧잘 아무 것도 없는 평평한 땅 위에 도착하여 얼마 지나지 않아 전에는 없었던 빌딩이 세워졌음을 감탄하면서 그의 일터를 떠나가곤 하였다.

우리는 컨설턴트들이다. 우리는 어느 것도 영원하지 않음을 느낀다. 우리가 가르치고 컨설팅을 하는 분야는 부단히 진화한다. 확실함, 영원함, 시작, 그리고 끝은 잘 잡히지 않아 이해하기 어렵다. 성과에 대해 추수 감사 축제를 해야 할 때가 언제인지도 알기 힘들다. 우리 또는 우리 동료를 추수 감사 축제에 불러주는 약속어음 발행인은 따로 없다.

개개인은 부분적으로는 자신의 업무에 의해 명확하게 규정된다. '클라크'라는 성은 '클럭(derk : 점원)'이라는 업무 명칭에서 유래한 것이다. 오늘날 수많은 노동자들은 시대에 뒤떨어진다고 느끼며 적합한 능력을 가진 사람으로 남기 위해 온갖 노력을 기울인다. '일'이란 것이 고대 철학자들이 꿈꾸던 상태, 즉 사람과 아이디어를 가지고 하는 그런 상태가 된 바로 이 시점에서 일은 그 의미를 상실한 듯 보인다.

그러나 가끔 일을 둘러싼 일반적인 권태로움에도 불구하고 일은 의미가 있다. 고객들과 함께 일했던 과정을 돌이켜보면 우리가 도와준 업무들, 우리가 방향을 바꿔놓았던 상황들, 우리가 영향을 끼쳤던 조직들이 쉽게 떠오른다. 이러한 업적에 대한 손에 잡히는 단서는 별로 없지만 그 결과는 실제적인 것이었다. 이러한 이야기들을 되짚어볼수록 우리의 재정적 성공이 늘어나는 것보다 더 많은 의미가 우리의 일에 더해져갔음을 알게 된다.

대부분의 미국 노동자들은 아이디어를 행상하고 정보를 조직화하는 일종의 '컨설턴트들'이다. 우리 모두는 계약을 체결하여 이를 근거로 숙련된 서비스와 정보 업무를 수행한다. 그리고 대부분은 아니더라도 수많은 관리자들이 일의 의미라는 대단히 심각한 문제와 씨름하고 있음은 틀림없다. 일의 정황을 의미 있게 만들어내는 리더들이야말로 어렵고 힘든 과업을 성취해가고 있다. 그들의 일이 의미를 가질 때 구성원들은 자발적으로 여분의 남는 시간에도 좀더 열심히 일을 하고, 보다 많은 에너지를 들여 활동하며, 그리고 자연스럽게 단결심을 고취해간다. 리더들에게 그렇게 할 이유를 제공하라.

혁신은 모든 사람의 비즈니스이다

에펠탑이 새 천년을 축하하는 불꽃을 터뜨리자 세계의 비즈니스 지도자들이 수준 4라고 부를 만한 새로움으로의 조화로운 전환을 찾아보기 위해 이 신성한 땅 위에 모여들었다. 내로라하는 비즈니스 별들과 행성들이 자리를 잡자, 그들은 지난 세기의 기업 내부를 조사한 후 만장일치로 새로운 세기에서 기업 성공을 보장하는 새로워질 새로운 일, 새로워질 주요한 일, 새로워질 최후의 만찬 성배는 혁신이라고 합의하였다.

우리는 동의한다!

혁신은 작업복 차림의 창의성이다. 혁신은 실험을 공동 작업자로, 실패를 전략적 동반자로 삼는다. 기술 단독으로는 혁신을 보증하지 않는다. 혁신을 훈련하고 실천해야만 혁신의 결과가 나온다. 헨리 페트로스키(Henry Petroski)는 『도모하는 것은 사람의 일이다(To Engineer Is Human)』라는 책에서 "실수로부터 배우기를 원하는 사람은 아무도 없을 것이다. 하지만 예술의 경지를 뛰어넘었다고 할 만큼 대단한 성공으로부터 배우는 것만으로는 충분하지가 못하다"라고 기술하고 있다. 실패란 고통스러운 경험이지만 혁신적인 회사들은 이러한 경험을 받아들인다. 만일 여러분이 좀더 혁신을 원한다면 많은 실험을 허락하라.

혁신을 추진하기 위한 커뮤니케이션에 도전하는 일이란 복합적인 과정이다. 비즈니스란 재정적 성공이 실패를 포용할 수 있을 때에만 지속된다. 마구잡이 프로토타이핑(prototyping)과 실험으로 인해 성공보다는 실패를 키우는 무정부 상태가 야기된다면 이것들은 결코 면죄부를 주는 혁신 허가증으로 사용될 수 없다. 여러분이 리더로서 혁신을 고취하고자 할 때는 혁신의 경계와 과정상에 존재하는 한계에 대해서도 분명하게 커뮤니케이션을 해야 할 것이다. 메시지의 명료성과 주제의 반복에 의해 혁신의 자유와 경계는 확립된다.

재능의 황금 시대

재능을 보유하고 있다는 말은 분할 네트워크에 적응하기 위한 개인적이고 조직적인 투쟁을 완곡하게 표현하는 말이다. 고용이 중요하다. 사람들은 돈을 벌어야 한다. 생산이 중요하다. 회사는 수익을 내야 한다. 개인과 기업은 분할 네트워크 속에서 생산하는 것을 배워야 한다.

개인들은 401(k)(미국의 확정갹출형 기업 연금. 종업원이 소득세 공제 전

급여를 저축하고 은퇴 후에 낮은 세율을 물고 이를 인출하는 것을 허용한 저축 제도)와 이익을 손에 들고 완전한 비즈니스 단위로서 이 회사에서 저 회사로 옮겨다닌다. 만일 어떤 사람의 기술이 가치가 없거나 차별성이 없으면 곧 그 사람은 경제의 사다리에서 내려오게 된다. 사무용 로봇이 진화하고 기계가 더욱 더 많은 정보 업무를 수행함에 따라 고용 기회를 부여할 것인가 말 것인가의 판단은 종합하는 능력, 창의적인 능력, 배려하는 마음, 그리고 리더십과 같이 사람만이 가지고 있는 인간적 능력에 의존하여 내려지게 될 것이다.

브랜드는 인간의 일이다

오늘날 좋은 품질과 좋은 서비스는 시장에 진입하기 위한 입장권에 불과할 뿐 특별히 유리한 입장을 제공하지는 못한다. 폴 골드버거(Paul Goldberger)는 "모든 것이 좀더 좋아질지 모르지만, 모든 것이 점차 똑같아지고 있다"라고 선언한다.

키엘 노드스트롬(Kjell Nödstrome)과 요나스 리더스트레일(Jonas Ridderstråle)은 『펑키 비즈니스 : 재능이 자본을 춤추게 한다(Funky Business : Talent Makes Capital Dance)』에서 "'잉여 사회'는 비슷한 교육을 받은 비슷한 사람들을 고용하여, 비슷한 생각을 제안하고, 비슷한 물건을 비슷한 가격과 비슷한 품질로 만드는 비슷한 회사들이 넘쳐나는 사회이다"라고 단정하였다.

브랜드란 고객이 가장 최근에 브랜드에 접촉하여 체험한 것 이상의 가치를 지니지는 않는다. 브랜드 차별성은 회사 외부에서 브랜드 작업을 하는 것 못지않게 회사 내부에서도 활기차게 브랜드 작업을 하는 리더들에게 달려 있다. 회사 내부 브랜딩의 커뮤니케이션 문제는 회사를 위협하고 있다. 슬픈 일이지만 고객들에게 브랜드 아이덴티티를 커뮤니케이션하는 데 능숙한 리더들조차도 회사 내부적으로 메시지를 커뮤니케이션하는 데 있어서는 일관성이 없고 구성원들을 고무시키지도 못하고 있다. 사실상 그들이 고객, 구성원, 그리고 투자자들과 커뮤니케이션하는 메시지는 서로 관련이 없는 것처럼 느껴진다. 광고, 비전 선언문, 애널리스트 회의 소집, 결산 보고서, 그리고 웹 사이트를 통해 보낸 공식 메시지는 종종 정렬되어 있지 않고, 때로는 모순되기까지 한다. 우리는 이것들이 각양각색으로 혼합된 메시지인지 아니면 혼란스럽게 엉켜 있는 메시지인지 알 길이 없다. 우리는 리더들에게 권고한다. 모든 것을 말하려 하지 말고 중요한 점을 말하고자 힘써라.

지구 재조직

최근의 조사를 보면, 베이비 붐 세대의 절반 정도가 100세를 현실적인 수명으로 예상하고 있음을 알 수 있다. 인간 유전자 지도를 그린 사람들이 다음 세대에는 200세의 수명을 가능하게 만들지 모른다. 휴먼 게놈 사이언스의 윌리엄 하셀틴(William Haseltine) 박사는 다음과 같이 얘기했다.

······우리의 숙제는 개개인의 불멸성을 생명 자체가 가지고 있는 불멸성과 연결하는 것입니다. 그리고 나는 줄기 세포 교체를 통해 이것을 분

명히 달성할 수 있는 비전을 가지게 되었다고 믿습니다. 우리가 앞으로 100년 이내에 해낼 수 있을지 아니면 그 후 100년이 더 지나야 달성할지는 아직 예측할 수 없습니다. 그러나 현재 우리에게는 잠재력이 있고, 또 이것을 이루어낼 수 있다고 믿습니다.

민주주의와 자유는 250년 전에는 학술적인 아이디어였다. 오늘날 민주주의는 다른 어느 정치 제도보다 더 많은 개인들을 지배하고 있다. 1946년에 76개의 국가가 존재하였으나 오늘날에는 200개 이상의 국가가 있다. 물건에서 아이디어로 우리의 초점이 이동함에 따라 민주주의, 자유, 그리고 지식 노동자의 증가가 많은 기회의 창출로 이어지고 있다.

그러나 문제는 곳곳에 숨어 있다. 어떤 꿈들을 이루기 위해서는 돈이 필요하다. 경제학자 에르난도 드 소토(Hernando de Soto)는 저개발 사회의 사람들에 대하여 다음과 같이 기술하고 있다.

"그들은 집을 가지고 있으나 직함이 없고, 수확을 하지만 행동이 없으며, 비즈니스를 하지만 법인 간판이 없다. 종이 클립부터 핵 반응기까지 서양의 모든 발명에 길들여져 있는 사람들이 그들의 국가 내의 자본주의를 작동하게 하는 충분한 자본을 생산할 수 없는 이유는 이러한 본질적인 대표성의 이용이 불가능하기 때문이다."

민주주의는 개개인들이 유형 자산을 소유하고 빌릴 수 있게 허용하며, 꿈을 사고 회사를 세우는 데 사용되는 자본을 만들어내게끔 한다.

모든 자본주의자들을 깨우기

어떤 새로운 기술이 우리를 구원해줄 것인가? 아니다. 우리로 하여 금 앞으로 나아가거나 뒤로 물러나게 하는 일이 기술만으로 이루어지 는 것은 아니다. 다른 어느 질병보다 이질로 인해 매일 수많은 어린이 들이 죽어가고 있는데, 사실은 가장 기초적인 의학 기술로도 이 질병은 고칠 수 있다.

우리는 기술을 가지고 누구하고나 어디에 있든지 서로 커뮤니케이 션을 할 수 있다. 그러나 우방국들 사이에서조차 대화는 가끔 긴장되고 삐걱거린다. 우리는 모든 사람들을 먹일 수 있는 기술을 가지고 있지만 그럼에도 해마다 수백만 명이 기아로 죽어가고 있다. 우리에게 도전하 는 최대의 문제는 과거와 마찬가지로 현재에도 여전히 기술이 아니다. 우리를 실패하게 만드는 것은 우리의 사회 시스템이다.

우리 자신을 조직하기 위해서 우리가 사용하는 기본 원칙은 국가, 비 즈니스, 지역 사회, 그리고 팀을 위해 성공을 명확하게 예측하는 것이 다. 수년 동안 우리는 국가들의 경제적 성공에 관한 문헌을 추적하였 다. 철저한 자유, 법의 지배, 그리고 온화한 기후 이 세 가지 특징이 대 부분의 학자들이 뽑은 목록의 가장 윗자리를 차지하고 있다. 철저한 자 유와 법의 지배는 사회적 원칙이다. 이 두 가지가 온화하지 않은 기후 의 영향을 극복할 수 있음은 명백하다.

우리는 열정적인 자본주의자들이다. 공산주의는 고상한 철학이긴 하지만 치유할 수 없는 결함 때문에 사회 시스템으로서 실패한다. 번영 하는 유럽과 고전하는 소비에트 공화국 사이의 차이는 이전의 소비에 트 연합의 기술적인 뛰어남을 고려한다면 너무나도 극적이다. 경제적 철학으로서 자본주의는 실패할 수 있고 여러 측면에서 길을 잃고 헤맨 적도 있었다.

자본주의와 결합한 민주주의는 최대 다수에게 최대의 기회를 주어 성공 가능성을 가장 크게 하는 사회 체계이다. 드 소토는 다음과 같이 설명한다.

> 공산주의에 대한 자본주의의 승리와 더불어 경제적 진보를 위해 오랫동안 지속되어왔던 자본주의의 합의된 의사 일정은 이제 그 효력을 거의 상실했으며, 새로운 일련의 공약을 필요로 하고 있다. 현재 진행되고 있는 경제 개혁 조치들이 국제화된 소수 엘리트에게만 문호를 개방하고 대부분의 사람들은 배제하고 있다는 사실을 직시하지 않고서 계속 개방 경제를 부르짖는 것은 무의미한 일이다. 현재 진행되고 있는 세계화는 투명한 유리 장식품 속에 살고 있는 엘리트들을 서로 연결하는 데에만 관심을 가지고 있다. 유리 장식품을 걷어내버리고 자산 차별을 제거하는 일은 현존하는 경제와 법률의 경계를 뛰어넘어야 가능하다.

우리는 드 소토처럼 사회적으로 부를 재분배하는 것을 목적으로 삼지 않는다. 오히려 민주주의와 자본주의가 결합함으로써 제공되는 경제적 기회가 확대되는 것을 목적으로 한다. 자본주의의 새로운 정황은 소수의 부를 증가시키기 위한 메커니즘으로서만 사용되기보다는 다수의 사회적이고 기술적인 힘을 해방시키는 헌신을 포함해야 한다.

사회 시스템의 실패는 세계 경제 문제의 핵심이며, 마찬가지로 또한 대부분의 기업 경영 문제의 핵심이기도 하다. 역사적으로 볼 때 열정적

인 목소리를 가진 리더들이야말로 국가와 기업 속에서 긍정적인 사회
적 변화를 이끌어왔다.

보이드 클라크 · 론 크로스랜드

옮긴이의 글

여러분은 자신이 하는 커뮤니케이션이 얼마나 효과적이라고 생각하는가? 톰 피터스 컴퍼니가 2002년에 비즈니스 전문가 1,104명을 대상으로 기업의 임원들이 수행하는 커뮤니케이션이 얼마나 효과적인가에 대해 조사해보았다. 조사 결과 기업 임원들은 86퍼센트가 스스로는 커뮤니케이션을 매우 잘하고 있다고 믿고 있었다. 하지만 비즈니스 전문가들에 따르면 실제로는 정작 17퍼센트만이 효과적인 커뮤니케이션을 하고 있는 것으로 나타났다. 2001년에는 버지니아 주 스털링에 있는 서플리 그룹이 기술과 전문 서비스 회사 7개 회사를 퇴직한 피고용자 2천 명을 대상으로 인터뷰 조사를 실시하였다. 조사 결과 이들이 회사를 그만둔 주요 이유는 상사 때문이었으며 상사에게 가장 부족한 점은 바로 커뮤니케이션 능력이었음을 보여주었다.

결국 커뮤니케이션이 문제다. 어떻게 하면 효과적인 커뮤니케이션을 할 수 있을까? 많은 사람들은 이성적이고 합리적인 사고를 하는 인간을 대상으로 이성적인 얘기를 전달하면 상대가 수긍하고 따라줄 것이라고 가정하는 경향이 있다. 그러나 이성적으로 사실 정보를 전달하는 식의 커뮤니케이션이 효과를 보는 경우란 극히 드물다는 것이 대다수 전문가들의 견해이다. 미국 UCLA대 교수 로버트 멜라비안 박사에

의하면 우리가 커뮤니케이션을 할 때 말하고자 하는 내용(word)이 전체 커뮤니케이션에 미치는 영향이란 단지 7퍼센트에 불과하며, 목소리(voice)와 보디랭귀지(body language)로 일컬어지는 동작·시선 교환·제스처·표정이 무려 93퍼센트의 영향을 미친다고 한다. 우리가 일상적으로 하고 있는 프레젠테이션, 혹은 보다 넓게는 커뮤니케이션 활동이 효과적이기 위해서는 말의 내용(word)이 아닌 전달 방법에 보다 주의를 집중해야 함을 알 수 있게 해주는 조사 결과이다.

옮긴이 또한 프레젠테이션이라는 테마를 가지고 여러 해에 걸쳐 많은 기업과 기관의 구성원들을 대상으로 강의, 교육을 해오면서 늘 느끼는 고민이 바로 프레젠테이션의 효과성 문제이다. 어떻게 하면 보다 효과적인 프레젠테이션을 할 수 있을 것인가?

이 책의 저자 보이드 클라크와 론 크로스랜드 두 사람은 이러한 고민에 대한 명쾌한 해법을 제시하고 있다. 효과적인 커뮤니케이션을 원하는가? 그렇다면 사실적 경로(factual), 감정적 경로(emotional), 상징적 경로(symbolic) 이상 세 가지 경로를 효과적으로 활용하여 커뮤니케이션을 할 수 있어야 한다는 것이 두 저자의 해법이다. 실제로 대단히 효과적인 커뮤니케이션을 하고 있는 리더들을 대상으로 한 조사 결과, 그들의 공통점이 바로 위의 세 가지 경로를 잘 활용하고 있다는 점이었다.

커뮤니케이션에 있어 사실적 경로, 감정적 경로, 상징적 경로란 무엇일까? 우리가 상대방과 커뮤니케이션을 할 때 우리는 당연히 어떤 사실에 의거하여 얘기를 할 것이다(사실). 이 사실이 사실로서의 구성 요건을 제대로 갖추고 있지 못하다면(근거가 희박하거나 거짓이거나 정보가 불충분하거나 등) 애당초 얘기가 성립되지 않을 것이다. 그러나 사실만을 직설적으로 나열한다고 해서 효과적인 커뮤니케이션이 될 수는 없다. 상대방의 감정에 호소할 수 있어야 한다(감정). 가슴으로 얘기하라고 하는 말은 바로 이런 의미이다. 사실 정보를 감정적으로 전달할 수 있으면 훨씬 효과적인 커뮤니케이션이 가능할 것이다. 나아가 상대에게 뭔가 상징성(비전, 방향 제시 등)을 부여할 수 있다면 여러분의 커뮤니케이션은 강력한 효과를 발휘할 수 있을 것이다(상징). 사실적 경로, 감정적 경로, 상징적 경로 이 세 가지 경로는 따로따로 분리되어 있는 것이 아니고, 우리의 뇌에는 원래 이 세 가지 경로가 통합되어 있으며, 어떤 메시지든지 세 가지 경로를 통해 받아들이도록 되어 있다는 것이 저자들의 주장이다. 이 세 가지 경로 가운데 한두 가지가 빠져버리면 상대(얘기를 듣는 청중)는 다른 데 주의를 기울이게 되며, 커뮤니케이션의 효과성은 현저히 떨어져버린다.

철인 3종 경기 선수가 수영, 사이클, 마라톤을 다 잘해야 하는 것처럼 효과적인 커뮤니케이션을 하고자 하는 사람은 사실적 경로, 감정적 경로, 상징적 경로를 모두 활용할 수 있어야 한다. 우리들 대부분은 이 세 가지 경로 가운데 어느 한 가지를 과도하게 사용하면서 다른 두 가지를 등한시하고 있다. 따라서 커뮤니케이션의 효과성이 떨어지는 것이다. 철인 3종 경기를 하는 사람이 수영에만 과도하게 집중하고 사이클과 마라톤을 등한시하는 것이나 마찬가지다.

우리는 모두가 리더이다. 이 경우 리더란 조직 계층의 사다리 위쪽에 있는 경영진, 임원, 고급 간부만을 지칭하는 것이 아니다. 우리가 조직에서 어느 위치에 있건, 혹은 프리랜서로서 자유로운 활동을 하는 경우에조차도 우리 모두는 다른 사람을 리드해야 하는 상황을 자주 맞이하곤 한다. 판매 서비스 일선에서 고객을 상대해야 하는 점포 여직원, 부서의 책임자로 부서원들을 동기 부여시키고자 애쓰는 부서장, 자녀에게 애정 어린 교훈을 주고 싶어하는 부모, 의례적인 자리에서 뭔가 한마디를 해야 하는 기관장, 고객에게 제품과 서비스를 팔고자 하는 세일즈 종사자 등 우리 모두는 다른 사람에게 자신의 의견, 생각, 제안을 제시하여 그들로 하여금 동의하고 협력해주도록 요청해야 하는 상황을 자주 맞이하게 된다. 이런 의미에서 우리 모두는 모두가 리더라 할 수 있다. 리더로서 어떤 목소리를 내야 할 것인가? 어떻게 커뮤니케이션을 하는 것이 효과적일까? 사실적 · 감정적 · 상징적 경로를 활용한 커뮤니케이션을 해보자. 이 책을 통해 효과적인 커뮤니케이션에 성공한 수많은 리더들의 사례를 학습해보자.

마틴 루터 킹 주니어의 연설 '나는 꿈이 있습니다(I Have A Dream)'를 기억할 것이다. 1963년 8월 28일 노예 해방 100주년 기념 평화 행진에서 행한 그의 연설은 불후의 명연설로 기억되고 있다. 이 연설은 사실적 · 감정적 · 상징적 경로를 잘 활용한 효과적인 커뮤니케이션의 좋은 사례이다. 마틴 루터 킹은 사실에 의거한 메시지를 감정에 호소하는 방식으로, 나아가 상징적인 의미를 부여하면서 전달함으로써 효과적인 커뮤니케이션을 할 수 있었다. 이 책이 여러분들의 리더로서의 목소리에 설득력을 더하고 효과적인 커뮤니케이션을 할 수 있는 귀중한 지침서가 될 것이라 확신한다.

2003년 4월
나상억 · 조계연